INTRODUCTION TO THE ART OF WAR

战争艺术概论

[法]若米尼◎著　唐恭权◎译　马骏◎主编

"战争论"丛书编委会

主　编 马　骏

副主编 纪明葵

编　委（排名不分先后）

马　刚　王洪福

房　兵　赵子聿

http://www.hustp.com

中国·武汉

图书在版编目(CIP)数据

战争艺术概论 / (法) 若米尼著；唐恭权译. --武汉：华中科技大学出版社，2016.5（2024.5 重印）
（战争论丛书）
ISBN 978-7-5680-1275-1

Ⅰ.①战… Ⅱ.①若… ②唐… Ⅲ.①战争理论 Ⅳ.①E8

中国版本图书馆CIP数据核字(2015)第242450号

战争艺术概论
Zhanzheng Yishu Gailun

[法]若米尼 著 唐恭权 译

选题策划：晋壁东
责任编辑：沈剑锋 康 艳
封面设计：金刚创意
责任校对：孙 倩
责任监印：朱 玢
出版发行：华中科技大学出版社（中国·武汉）
　　　　　武昌喻家山 邮编：430074 电话：(027) 81321913 (010) 64155588
印　　刷：湖北新华印务有限公司
开　　本：880mm×1230mm 1/32
印　　张：8.75
字　　数：212千字
版　　次：2024年5月第1版第13次印刷
定　　价：32.00元

本书若有印装质量问题，请向出版社营销中心调换
全国免费服务热线：400-6679-118 竭诚为您服务
版权所有　侵权必究

"战争论"丛书主编马骏同志简介

马 骏 国防大学战略教研部教授,中国第二次世界大战史研究会理事、中国德国史研究会会员、中国史学会军事史学分会会员。长期从事外国军事史、外国军事思想和国际政治教研工作。应邀在北京大学、中山大学、北京林业大学、北京师范大学、北京科技大学、对外经贸大学、首都师范大学、武汉大学、贵州省、山东省、四川省、沈阳军区、新疆军区及日本防卫厅讲学。在中央电视台新闻频道、军事频道、科教频道、法律频道多次做专家访谈。主要著述有:《外国战争史与军事学术史》《日俄战争史》《日本军事战略研究》《外国军事史学研究概论》《科索沃战争研究》《二十世纪经典战役纪实》《美苏在开辟伊朗走廊过程中的矛盾与冷战的起源》等专著。

"战争论"丛书副主编纪明葵同志简介

纪明葵 国防大学教学督导组专家,原国防大学副教育长,少将军衔。战略、战役学教授,国家军事仿真专业组特聘专家。清华大学、哈尔滨理工大学、兰州大学、内蒙古师范大学、中国延安干部学院兼职教授。《国家智库》执行主编、中国网专栏作家。著有《现代战役研究》《危机控制与管理》《打击跨国犯罪》《国际恐怖主义与反恐怖斗争》《A地区战略危机决策与控制管理》《信息化条件下的国防动员》《反空袭作战研究》等专著,发表学术论文几百篇。

"战争论"丛书编委马刚同志简介

马　刚　国防大学战略部军事思想与军事历史教研室主任，国家安全战略和国际战略学科学术带头人，博士研究生导师，校学术委员会委员。毕业于解放军外国语学院和国防大学，历任国防大学战略研究所研究员、第二炮兵导弹旅旅长、国防大学防务学院训练处长、办公室主任、国防大学战略研究所副所长等职，曾在俄罗斯工作，长期从事国家安全、国际战略问题研究和我军对外培训工作。著有《新中国军事外交》《中国人民解放军战略文化》《胜利的启示》等专著。

"战争论"丛书编委王洪福同志简介

王洪福　国防大学战略教研部军训室主任，军事战略学科学术带头人，军事战略学硕士生导师，空军大校。先后毕业于西安空军工程大学、陆军指挥学院、国防大学、巴基斯坦国防学院。先后出国担任中国驻老挝、津巴布韦军事教官组组长，获得老挝国家三级功勋勋章。长期从事战役战略教学与科研，并应邀在全国各地以及全军多个部队讲授有关国家安全形势方面的专题讲座。著有《现代国防理念略论》，参与编写《空军战略学》《军种战略学》等专著。

"战争论"丛书编委房兵同志简介

房兵 国防大学战役教研部军训教研室副主任,大校军衔,军事学博士。CCTV—10《探索发现》系列专题片《百年航母》《马岛战火》《特战奇兵》《突然袭击》主讲人。中央电视台《海峡两岸》《今日关注》《防务新观察》《环球视线》《东方时空》,北京电视台《军情解码》,深圳卫视《军情直播间》,云南卫视

《经典人文地理》《新视野》等栏目特约军事专家,中国国际广播电台《环球资讯广播》特约评论员。著有《大国航母》《烽烟利比亚》《马岛战火启示录》《航空母舰与战争》。

"战争论"丛书编委赵子聿同志简介

赵子聿 国防大学危机管理中心主任,教授,博士生导师,国家安全战略学学科带头人。长期从事国家安全和危机管理研究,在20多项国家和军队重大课题中担任负责人和主笔人,中国应急管理领域50位名家之一。主要著作有《国家安全危机决策》《国家安全危机管理析论》《美国陆军》《面对动荡的世界》等。获军队优秀科研成果一等奖,军队学科拔尖人才培养对象,军队学习成才先进个人,二次荣立个人三等功。

我们的战争观：不好战！不畏战！决战必胜！

——写在"战争论"丛书出版之际

马克思曾说，战争是推动人类文明前行的火车头。他形象地指出了，战争机器如同推土机一般，碾过历史的血肉之躯，于荆棘中开疆拓土，前行的轨道上沾满血腥。生命在战争面前是那么地脆弱。残忍，是战争诞生以来形成的秉性。战争同暴力几乎就是一对同义词，暴力是战争的本质属性，也是马克思主义的战争观。即使进入现代战争模式之中，诸如贸易战、金融战、外交战、黑客战、网络战、病毒战、舆论战等，战争的本质仍然是残酷的，充满暴力的。所以，我们认为，所谓的"武器仁慈化""战争非暴力化""战争泛化"等观点是不妥当的。因为，当前形势下，战争将无时不在，无处不在。身为中华民族的一份子，必须时刻对各种战争形态保持高度警惕，因为战争的根本法则，依然是保存自己、消灭敌人！

正因为战争的本质是残忍的，同时它又是人类历史发展进程中的常态现象，所以，对于战争的看法，自古以来就分为多种复杂的看法。比如，西方军事理论家克劳塞维茨在《战争论》中写道：战争是强迫敌人服从我们意志的一种暴力行为。德意志帝国铁血宰相俾斯麦认为，我们所处的时代的重大问题不是靠演说和决议所能解决的，这些问题只有靠铁和血才能解决。战争理论家伯恩哈迪认为，战争是人类生活中一种具有头等重要意义的生物法则，它是人类社会中不可缺少的起调节作用的东西。无疑，这几位西方军事大师，对战争都是笑脸相迎的。

与其相反，是反对战争的人们。比如，罗马时代的军事家、历史学家李维认为，对那些需要战争的人来说，战争是正义的；对那些失去一切希望的人来说，战争是合理的。曾经以炮舰政策横行世界、身经百战、建立起日不落帝国的英国，却对于战争有着这样的民间谚语：战争一开始，地狱便打开。而作为东方文明古国，中国经历了无数次的烽火狼烟，更深刻地体会到战争的血腥与残酷，所以，我们的老祖宗谆谆教导中华儿女："师之所处，荆棘生焉。大军之后，必有凶年"（老子）、"兵犹火也，不戢将自焚"（陈寿）、"皇帝动刀枪，百姓遭了殃"。2015年11月7日习近平主席在新加坡国立大学的演讲更是鲜明地指出，国强必霸并不是历史的必然规律，中华民族历来热爱和平，深知"国虽大，好战必亡"的道理。

我们认为，天下虽安，但忘战必危；虽然冷战结束了，但战争的硝烟一刻未熄。我们必须要有备才能无患。围绕"战争"，我们需要明白如下几个问题：

战争的首要目的是为了和平。战争只是一种手段，战争的最高境界就是"不战而屈人之兵"。对于一次战役（战斗）来说，战争的目的是消灭敌人、保存自己。而从整体的、纵向的角度来说，战争除了在历史上扮演着王朝更替的催化剂、助产士这类角色之外，符合人类社会发展进步的战争，归根结底其目的应该是为了和平。正如亚里士多德所说,战争的目的必须是为了和平。这样的战争才是正义的。然而,存在着繁杂利益纠葛的人类社会要想取得和平并不是简单、无代价的,因为"你想和平,就要准备战争"(韦格蒂乌斯)、"只有胜利者,才能用战争去换取和平"(萨卢斯特)。对于我们中国来说,构建强大的、现代化的军队是维护世界和平的重要战略支撑力量。

战争需要理性对待:不好战。正由于战争是头洪水猛兽,因此需要高超的驾驭能力。只有驾驭得好,才能避免引火自焚。在能够避免战争爆发的情况下,应尽一切努力化解矛盾与纠纷。所谓上兵者伐谋,不战而屈人之兵。即使在具体的战场(战役)指挥中,总司令最重要的品质是冷静的头脑,尤其是在国际风云变幻莫测的复杂背景下,如何理性地对待战争,如何理性地在战争与和平之间做出选择,考验着每一个中国人的智慧。总之,当我们被愤怒"操纵"的时候,当我们希望通过战争这一手段,快刀斩乱麻地解决麻烦与纠纷的时候,我们需要对战争持有一颗理性、冷静的心,并记住:叫喊战争的人是魔鬼的参谋;狂热者的脑袋里没有理智的地盘。我们更要懂得著名诗人贺拉斯的一句反战名言背后的意味:所有的母亲都憎恨战争!而历史已经反复告诉世界:中国人不好战!

战争需要一种勇气:不畏战。无论是冷兵器时代还是高科技战争时代,战争都是残忍的,需要付出的是生命的代价。因此,战争机器不能轻易启动。不过,不好战不代表完全拒绝战争、排斥战争、畏惧战争。在世界丛林的游戏法则中,一个民族一个国家,要想生存发展,保持必要的用于自卫的强大武装力量是必要的,更是必须的。1840年鸦片战争以来,西方以炮舰政策强加在中华民族头上的羞辱与屠杀的历史教训告诉我们，只有自身强大、手握撒手锏，才能避免被杀戮、羞辱的命运。民族、国家的尊严，是构建在必要的武力基础上的，尤其是当关系到我们的国家主权和民族尊严、关系到我们的核心利益时，战争是必须的。历史事实已经多次郑重地告诉世界：中国人不好战，更不畏战！

战争需要一种理智：英勇善战。人们若想取得战争的胜利，就必须认识战争的客观规律，将其抽象为战略战术，在客观条件许可范围内，运用从客观中抽象出来的战略战术指导战争，战争是智者的搏弈。毛泽东说："指导战争的人们不能超越客观条件许可的限度，期求战争的胜利，然而可以而且必须在客观条件的限度之内，能动地争取战争的胜利……指挥员在战争的大海中游泳，他们要不使自己沉没，而要使自己决定地有步骤地到达彼岸。作为战争指导规律的战略战术，就是战争大海中的游泳术。"

战争需要一种凝聚力：忠于祖国。作战需要彼此配合，在战场上尤其是在特殊的环境下，危险会来自四面八方。所以，只有铸造一种团结一致、统一对外的团队精神，才能帮助每一个作战中的人消除防范时刻出现的危险。无数的事实已经证明，每一个英勇善战的部队，每一支特种作战部队，要想取得胜利克敌制胜，必须是铁板一块！法军统帅拿破仑说过，统一指挥是战争的第一要事，也是产生凝聚力不可缺少的要素。那么，凝聚力来自哪里？对于中国军人来说，首先来自于听党指挥、忠于祖国、忠于人民这一神圣的最高宗旨，来自于共同的保家卫国的誓言，来自于全心全意为人民服务的社会主义核心价值观，来自于不怕苦不怕累不怕牺牲、做忠诚可靠的人民子弟兵的信念。其次，凝聚力来自于科学合理、统一规范的军队制度化建设，来自于平时官兵一致、爱兵如子、相亲友爱的军内关系。最后，凝聚力也来自于绝对服从、铁的纪律。

战争需要一种自信：会打必胜。战争是一种你死我活的搏斗，所以，保存自己、消灭敌人是战场上的最高法则。对于军人来说，拥有坚韧的必胜的自信心，是一种高贵的品质。当然，自信不是自负，那种不顾实际情况、盲目草率的军事行动，只能归为冒险盲动主义。坚定的必胜信念来自于知己知彼、百战不殆。军人的自信心，既要求军队的指挥官养成信赖自己的习惯，即使在最危急的时候，也要相信自己的勇敢与毅力，也要求普通士兵具备想当将军的优秀品质。为什么不想当将军的士兵不是好士兵？因为这样的士兵没有必胜的自信心。凡是有决心取得胜利的人，从来不说不可能。

战争需要学习。对于中国军人来说，无论是古今中外的战争实例、战争历史、军事著作、谋略经典、军事名家，还是当代他国的军队建设成就、最新武器装备成果，都需要我们秉持古为今用、洋为中用、兼容并包、取长补短的谦虚谨慎、认真仔细的态度，去学习其经验，汲取其教训，最终在掌握精髓、创造创新中超越，并将其转化为自己的真实本领。毛主席曾经教导中国军人，没有文化的军队是愚蠢的。诸如"战争论"丛书里的蒋百里《国防论》、克劳塞维茨《战争论》、马汉《海权论》《海军战略论》、杜黑《空权论》、克劳塞维茨《战争论》、若米尼《战争艺术概论》、韦格蒂乌斯《兵法简述》、米切尔《空中国防论》、鲁登道夫《总体战》，都是我们学习的优秀精神食粮。当然，作为将来要上战场的军人，不仅要重视学习军事理论，更要在平时的摸爬滚打中铸就高素质的作战能力。平时流汗，才能避免战时流血。因此，西谚有云，你有一天将遭遇的灾祸是你某一段时间疏懒的报应。军人需要的就是一种学习、学习、再学习，坚持、坚持、再坚持的韧劲。

战争需要研究。战争既是一门艺术，也是一门科学。作为艺术，战争需要驾驭它的人必须具备高超的领导力与决断力；作为一门科学，需要我们认真对待，通过去伪存真、去粗取精、由表及里、由深入浅地找出其中蕴含的最简单、最明晰、最管用的规律来，以指导实际中的军事行动。通过学习、研究，尤其是打开自己的视野之后，我们会发觉自己的不足之处，从而通过跨越式发展，尽快补足短板，以提升我们的实际战斗力。这套"战争论"丛书值得我们花费力气熟读一番、好好研究。

战争需要实践。通过对古今中外军事著作、战争实例、战争历史的学习研究，我们所获得的只是理论上的东西。理论知识的作用只有运用于实践，才能知道它的真实价值。正如毛主席强调的，一切学习的目的全在于运用。所以，对于军人来说，除了学习研究古今中外的军事历史、战例与理论之外，更需要通过实战来检验我们手中到底掌握了多少的战争真理与有用的军事方法。一切的战争规划与理论，全在于实际的执行力与效力。因此，想得好是聪明，计划得好更聪明，做得好是最聪明又是最好的。而从国家的角度来说，日常的军队国防建设均在于服务于实战、为实战做准备。俗话说得好，未雨绸缪，养兵千日用兵一时。战争机器不是摆设，更不能是花架子，必须接受实战的检验。另外，战争中蕴含的谋略、道理，也可以作为其他领域决策、管理的参考。

战争需要谋略。伟大的革命导师、苏联红军统帅列宁曾经鲜明地指出，没有不用军事计谋的战争。我国明代文学家、谋略家冯梦龙强调，兵在精而不在多，将在谋而不在勇。正因为如此，古今中外诞生了大批研习战争谋略的大师名家。可以说，蒋百里《国防论》、克劳塞维茨《战争论》、杜黑《空权论》、克劳塞维茨《战争论》、若米尼《战争艺术概论》、韦格蒂乌斯《兵法简要》、米切尔《空中国防论》、鲁登道夫《总体战》、马汉《海权论》《海军战略论》等，每一本军事经典都是战争智慧的结晶。作为军人，一定要时刻铭记：永远别以为敌人比你愚蠢！轻视对手的后果是严重的。正确的态度就是毛泽东同志所说的，战略上藐视敌人，战术上重视敌人。拿破仑有句话说得好，世上只有两种力量：利剑和思想。从长而论，利剑总是败在思想手下。

战争需要发展。人类的历史长河是永远向前发展的。从最初的刀耕火种，到自然的田园农业文明，再到欧洲十七八世纪的工业革命，再到十九世纪、二十世纪的电气革命，直到二十一世纪的信息化革命。每一次的生产力跃升都推动着经济的巨大发展，而与武器装备直接相关的生产力的质的进化，更是推动着战争形态的惊天变革。所以，军人必须远比其他人要更为敏感地关注世界形势的变化以及涌动出的最新的社会现象与科技成果，使自己具备察天观地的与时俱进的本领，不落伍于时代，才能决胜于千里之外，才能履行好保家卫国的职责。我们认为，与时俱进有两个标准：一是随着时代的发展而发展，二是无论时代怎么发展始终抓住最简单最管用的精髓。军事艺术是一种执行命令的艺术，一切复杂的计谋都应当抛弃掉。简单明了，是执行好军事行动的首要条件。

战争需要实力。战争归根结底是实力的较量，从来都是敌对双方军事、政治、经济、科技、文化、外交等多种因素的综合较量，而不单纯取决于某一种因素。所以，对于我们的国家，需要通过"发展"这一硬道理，来全方位提升我们的经济发展水平和科技质量，全面地加强我们国家的综合实力，为战争提供强大的国家保障力。对于我们的百姓，需要通过各种措施加强国防意识与国家安全意识教育，培育国民的军事素养，建设强大的民兵预备役部队，要藏兵于民。对于我们的军人，广大士兵要通过艰苦的学习、训练，加强自身的单兵作战能力与团队合作作战能力，以及军兵种协同作战能力。对于指挥官，则需要进一步提升自己的军事指挥素质。震惊欧洲的拿破仑说过：一头狮子带领的一群羊，远远胜过一只羊带领的一群狮子。我们的军队需要培育出一批批的狮子老虎，才是名副其实的威武之师！

谈了这么多与战争有关的话题，那么，新时期的中国军人，还要做些什么呢？首先就是，要牢牢抓住军队政治工作这一生命线。我军自成立以来即高度重视政治工作。1929年12月28日—29日，中国工农红军第四军第九次党代表大会在福建上杭县古田村通过的《中国共产党红军第四军第九次代表大会决议案》（即著名的古田会议决议案），即明确指出，红军是"一个执行革命的政治任务的武装集团"，必须服从党的领导，自觉担负起宣传、组织、武装群众等任务。古田会议划清了红军与旧式军队的界限，解决了无产阶级革命军队建设的根本性问题。2014年10月30日，新时期的全军政治工作会议在福建上杭县古田召开，习近平主席出席会议并发表重要讲话，提出把理想信念、党性原则、战斗力标准、政治工作威信在全军牢固立起来；抓好铸牢军魂、高中级干部管理、作风建设和反腐败斗争、战斗精神培育、政治工作创新发展"五方面"工作；加强军事文化建设，从难、从严、从实战要求出发"摔打"部队，培养广大官兵大无畏的英雄气概和英勇顽强的战斗作风，着力培养有灵魂、有本事、有血性、有品德的新一代革命化的"四有"军人。中国军人，任何时候都要牢记"听党指挥、忠于祖国与人民"这一最高宗旨，争当让党和人民放心满意的优秀军人。

其次，要积极做好军事斗争的准备。西方战神克劳塞维茨强调，作战的基本原理是，切勿完全处于被动地位。对于一支军队来说，只有时刻以与时俱进、未雨绸缪的精神抓好军事斗争准备，才能避免被动、才能有备而无患。只有时刻准备好，才能令出即行、迅速把握战机，避免陷入被动挨打的泥潭。

再次，紧紧围绕战斗力做文章。衡量一支军队的好坏，关键就看能否打胜仗。拿破仑曾预言，中国是一头睡狮，一旦醒来将震撼世界。但是，没有利爪的狮子只能是摆设。能打胜仗是衡量军队质量的根本标准。没有战斗力，其他都是空谈。

最后，要进一步加强贯彻落实"科技强军""质量建军"战略，进一步高度重视兵民结合的人民战争的战略战术研究与运用，始终牢记并掌握"军民团结如一人，试看天下谁能敌"这一法宝。

在新时期，面对日趋复杂的国内外环境，军人的天生敏感性告诉我们——这个世界并不太平。因此，作为中华人民共和国的柱石，中国人民解放军需要进一步地紧紧抓住中国的特殊国情，做好强军的一切工作，需要进一步地牢牢抓住决定战争胜负的各方面的关键性因素，从要害处着手，全面加强军队的改革与建设。如此，才能确保我们这座保家卫国的钢铁长城永不倒塌！

回首过去，我们对战争充满敬畏。我们不轻言战争，我们不惧怕战争，我们只为战争做好准备。业绩造就伟人，战功成就军人。辉煌的中国革命史证明中国人民解放军是一支听党指挥、能打胜仗、作风优良的人民武装力量。

中国军人的勤奋和荣誉，足以鼓舞千秋万代的中国青年。

祝愿一切热爱军事、关心国防、热爱和平的读者朋友，能从囊括古今中外著名军事经典的这套"战争论"丛书中汲取有益的养分，从无到有、由小到大、从弱到强地培育自己的国防军事素养，形成自己的国防观、战争观，以求在将来或许会发生的、某个特殊的时刻履行自己"保家卫国"的神圣职责。

"战争论"丛书编委会

2015年10月

序 言
PREFACE

当人们都热情欢呼和平时，出版一本战争著作似乎有些不合时宜，然而，他们所期待的那种工业发达、财富暴增的局面，未必就是全体社会成员意为之献身的对象。正如安西尔昂在他的名著《欧洲政体革命概论》中写的，虽然战争永远是灾难，但它是建国救国所必需的，也是永远避免社会解体所必需的。

俄国沙皇曾下令将我的《论大规模军事行动》翻译成俄文，但它并不是一部完整的著作。我决定在其基础上补充一些内容，于是1829年我仓促地完成了《对战争主要问题的分析评论》，当时我只考虑到把《对战争主要问题的分析评论》作为《战争艺术》的附录，并未将其视为独立的著作。

之后，沙皇又要求我对《论大规模军事行动》加以补充，作为皇太子的教材。因此，我又对该文进行了补充，使之成为一本完整的著作。

我专门为《论大规模军事行动》增加信念战争、民族战争、最高作战指挥、军队士气、防线、战区、战线、预备队、临时基地、山地战战略，以及判断敌人的运动等内容，此外我还对该文的其他章节进行了修改。考虑到一些书商的意见，我决定为这本书起一个新名字，《战争的艺术》。

《战争的艺术》是我对战争最高思辨的最后见解。该书的第二版，我又再添加了一些章节，如作战基地和作战正面，战争勤务或调动军队的应用艺术，远距离大规模入侵、战略线和迂回战斗线的机动，等等。同时，我还对其他章节内容进行了补充。

根据本书的氛围和目的，我并未对应用细节作过细的探讨，只是提供了一些可供参考的著作。这些细节问题有助于更好地思考大规模作战艺术。当然，各人有各人的特质、天赋、能力结合实际进行思考，无须我再具体地指导他们。我的作用，相当于一个指明方向的路标。

如果读者能从书中找到这些问题的基础，并加以应用，我将倍感荣幸。这本书体例可能存在不足的地方，行文上一些技术术语多次重复，还请你们多加原谅。但是，这是一本包含诸多复杂定义的指导性著作，不可避免地要重复某些词汇和思想，更不可能辞藻华丽，我只能力求做到明确清晰。

可能有人会责怪我过于钟爱定义，这点我不得不承认，我认为，这正是我的价值所在。建立一门人们至今陌生的科学的基础，首要解决的一个问题，就是统一其各组成部分的不同名称，便于研究者区分和分类。我也要承认，这些定义有些还需要进一步地提高。我也不会说我是权威，是绝对正确，所有更好的定义，我都将很荣幸地采纳。

最后，再说明一点，我常常反复使用一个案例是为了方便读者。因为读者不可能记得所有的战役，也不可能拥有足够多的藏书，所以只要了解我所举出来的案例，便能理解我的论证，至于那些熟悉军事史的人来说，他们也不会认为本书案例不足。

若米尼

1837年3月6日

目录 CONTENTS

第一章 战争的政策 … 1
    为捍卫权利发动战争 … 5
    政治主守,军事主攻 … 6
    战争的目的 … 7
    有无盟国参战的战争 … 7
    干涉性战争 … 8
    侵略性战争 … 11
    信念战争 … 14
    人民(民族)战争 … 16
    国内战争和宗教战争 … 21
    两线作战和两线作战的危险性 … 21

第二章 军事政策或战争哲学 … 25
    军事统计学和军事地理 … 28
    其他影响战争胜败的因素 … 29
    军事制度 … 31
    军队统帅和高级作战指挥机关 … 37
    民族的尚武精神和军队的士气 … 43

第三章 战略与战略计谋 … 49
    定义和基本原理 … 51

战争的基本原理 …… 55
　　作战体系 …… 56
　　战区 …… 59
　　作战基地 …… 61
　　战略点和战略线 …… 68
　　作战目标 …… 71
　　作战正面、战略正面、防线、战略阵地 …… 74
　　作战地区和作战线 …… 81
　　战略线 …… 103
　　以临时基地或战略预备队保障作战线 …… 107
　　旧式阵地战和现代运动战 …… 110
　　补给仓库与行军的关系 …… 116
　　边境及其要塞、筑垒线的防御和围攻战 …… 119
　　营垒和桥头堡 …… 126
　　山地战略行动 …… 129
　　大规模入侵和远征战略 …… 137
　　结论 …… 143

第四章　大战术与交战 …… 147
　　防御阵地和防御交战 …… 150
　　进攻交战以及各种战斗队形 …… 155
　　交战中的迂回机动和过大规模的运动 …… 167
　　两军行军遭遇战 …… 170
　　突然袭击 …… 171
　　攻击要塞、筑垒营地或筑垒线，一般性突然袭击 …… 173

第五章　战略战术性混合作战 …… 179
　　钳形攻击与大支队 …… 181
　　渡河 …… 186
　　撤退和追击 …… 191

军队行军宿营 …………………………………………… 199
　　登陆作战 ………………………………………………… 200
第六章　战争勤务或调动——军队的实用艺术 …………… 203
　　战争勤务概念 …………………………………………… 205
　　侦察和查明敌人动向的其他方法 ……………………… 214
第七章　军队的战斗部署和单独或联合使用三个兵种 …… 219
　　战斗线上的部署 ………………………………………… 222
　　步兵的部署和使用 ……………………………………… 226
　　骑兵 ……………………………………………………… 234
　　炮兵 ……………………………………………………… 241
　　步兵、骑兵、炮兵的联合使用 ………………………… 245
第八章　结论 …………………………………………………… 247
后记 ……………………………………………………………… 255

第一章

战争政策

本章我们要研究的内容，有助于政治家判断战争的时机是否恰当，战争的动机是否正当，并且有助于政治家们决定采取何种行动，以求达到战争的目的。

国家之间进行战争的目的，大致如下：

（一）捍卫某些权利。

（二）满足社会利益，如商业、工业利益，以及涉及民族繁荣的一切利益。

（三）支援其存亡关系本国安全或政治均势的邻国。

（四）履行同盟义务。

（五）推行、压制、保卫某种学说。

（六）为本国利益而扩大本国的影响和势力。

（七）保证国家的独立不受任何威胁。

（八）为雪国耻的报复。

（九）纯粹的征服和侵略欲望。

不同的既定目标将引发不同类型的战争，而不同类型的战争其采取行动的性质、兵力数量、战斗范围，也都会有所不同。

可以确定的是，这些战争具有变数，战争可以是进攻作战，也可以是防御作战；发动战争的一方也可能转为防御，而遭到攻击的一方，只要准备得当，也可以转为主动进攻。双方地位的差别，也会产生一些复杂的情况，如：

（一）可能是两个国家之间的战争。

（二）可能是一个国家对抗结成同盟的其他几个国家。

（三）可能是同盟与一个国家交战。

（四）一个国家可能是战争的主力，也可能是辅助力量。

（五）在上一条的情况下，一个国家可能在战争伊始参战，也可以在战争爆发后加入。

（六）战场可能在本国境内，也可能在敌国或盟国境内。

（七）如果侵略他国，则入侵距离可长可短，战争行为可能是理智的，也可能是盲目的。

（八）战争可能是民族之间的反对战争。

（九）国内战争和宗教战争也是可能发生的，更是危险和不幸的。

一旦决定战争，就必须依照战争艺术的原理进行战争。我们需要承认，情况不同，各种战争的特点也会各有千秋。例如，团结一致、众志成城抵抗20万入侵法军的时候，西班牙军队的行动与其向维也纳进军的时候完全不同，也不同于当年（1809）为迫使敌人接受和平条件而向其首都进军的时候。这20万法军，难道要不顾莱茵河和因河之间、多瑙河与易北河之间的各国与人民，一意孤行地向维也纳进军吗？显然，对一支军队而言，每次作战方法大同小异，但对于军队的统帅而言，事实却并非如此。

我们称除外交政策方面所进行的关于军队统帅方面的考虑为"军事政策"或"战争哲学"，因为它既不全部属于外交范畴，又不全部属于战略范畴，但是它对政治家和军队统帅的计划具有最重要的意义。

接下来，我们开始分析外交范畴的各个要素。

为捍卫权利发动战争

在发动战争前，必须权衡利弊——从社会利益出发，这场战争是否于本国有利。当一国对邻国提出权利要求，并不一定意味着要用武力来实现这个要求，很多时候需要适当地变通以达到目的。

为了恢复无可争议的权利而进行的、可使国家获得与牺牲相当的利益的战争，才是正确的战争。很不幸，我们的时代，争议和异议太多了，如继承权、遗嘱权、婚姻权等，以这些权利为目的的战争，其实都是为了获得利益。路易十四当政时，他继承西班牙王位本是顺理成章的事情，而且也得到了家族的支持，更是顺应西班牙的民心，但是他的继承权仍在欧洲激起了轩然大波，进而出现了一个反对其继承王位的欧洲同盟。

奥法交战之际，腓特烈二世从古老的档案中找到理由，率兵占领西里西亚，使普鲁士帝国的势力增加了一倍。假设腓特烈大帝没有成功，他将会遭到指责和反对，这次行动也就是错误的，但他成功了，这次行动时机适宜，规模巨大，并且得到了人们的原谅。

对于此类战争，无规律可循，精髓就在于伺机而动。战争应该遵循发动战争的目的。此类战争，首要任务是占领土地，采取进攻手段迫使敌人让步。所有的行动都要以双方的军事装备为前提。在这类战争中，有一个问题至关重要，即不要引起第三方的妒忌，免得它干涉，方法就是向其邻国做出一些必要的保证。

政治主守，军事主攻

当一国面临某邻国借口有权收回某块土地而发动战争时，它是不会坐以待毙的，该国人民有着坚定的信念，不会轻易屈服，而是用全部力量去捍卫这块土地，所以，它不应该消极地等待敌人的进攻，而应该力争主动，先发制人，攻入敌国。

通常发动这样的战争比较有利，但在本国境内待机破敌也不是不可以。一个政权稳固、没有任何后顾之忧、无须担心第三方入侵的大国，更适合在敌国境内作战。这样，不但自己的国土不会遭到战争的破坏，而且还可将战争的损失转移到敌国身上，另外，还可争取一些道义上的影响，激发本国军队的斗志。但从纯军事观点来看，在本国作战的军队也有很大的优势，因为可控制一切天然屏障和人工的有利位置，能得到全国人民的支持和帮助，做到地利与人和。

毋庸置疑，上述原理对所有战争都适用。但是，战略原理是不可变动的，而战争政策却因受到民意、局势、军政长官的影响而时常变动。正是这些变化，使得人民相信，战争是没有固定规律的。这是多么粗浅而错误的论断啊！我要阐明的是，军事科学是有原理可循的，想要在战争中立于不败之地就必须遵循这些原理，只有外部环境发生变化时，它才可灵活变通，根据实际情况修改军事行动计划，即使是在进行这类修改时，也要遵守战争艺术原理。当我们在制定对法国、奥地利或俄国的作战计划时，肯定是与对土耳其或其他东方国家的作战计划不同，因为后者的实际情况是：勇敢、人数众多，但纪律松散、毫无秩序、不善机动等。

战争的目的

战争的最终目的是争权夺利。以西班牙王位继承争夺战与腓特烈二世占领西里西亚为例，其目的都是为了争夺利益。

这种争权夺利的战争大致可分为两类：强国夺取有利的天然疆界，以获得政治或贸易上的优势；尽力削弱最具威胁的敌人的力量，或者遏制其力量的增长。后者属于武装干涉，一个国家很少在没有盟国支援的情况下，单独攻击其强敌，这种战争通常以联盟的方式进行，这种联盟是利用盟国与敌人之间的冲突形成的。

这些政治问题，比军事关系更大、更复杂，军事行动的问题我将在后文中谈及，所以这里就不再赘述了。

有无盟国参战的战争

其他条件相同，有盟国参战的战争总比没有盟国参战的战争更容易取胜。这是合乎自然规律的。一个强国可能比联合起来反对它的两个弱国更容易取胜，然而，有邻国支援的战争总是比孤军作战更有利。这样不仅可以依靠盟国增强自己的实力，也可在很大程度上削弱敌国的实力，因为敌国不仅要以大部分兵力对付盟国的援军，还要在有可能受到进攻的疆界设防。

没有弱小的敌人，也没有弱小的同盟，一个大国，无论多么强大，如果它轻视弱小国家或同盟，都将得到轻敌的教训，这是不可撼动的真理。

干涉性战争

干涉性战争是一个国家在可能进行的所有战争中，最适合、最有利的战争。原因很简单，进行干涉性战争的国家，可以改变战争力量对比，它可以选择最有利的时间参战，使军队采取具有决定性意义的行动。

干涉分为两大类：一、干涉邻国的内政；二、干涉邻国的外交。

虽然干涉邻国的内政很常见，但是政治家们也从未发表过一致的意见，所以，在这里我们不讨论干涉邻国内政是否合理的问题。罗马人的辉煌历史，一部分得益于干涉别国，而英国的东印度公司，也是干涉的结果。并非所有的这种干涉都能成功，奥地利在法国大革命时期的行动，就引火烧身，几乎使本国遭到毁灭。

干涉邻国外交是比较合法和常见的，也比较有效。

我认为，一个国家是否有权干涉别国内政，值得怀疑，但在甲国将混乱和纷争向外扩散，危及乙国时，乙国是有权对甲国进行干涉的。

介入邻国的外部战争有以下理由：

（一）同盟的义务。

（二）为了维持政治均势。

（三）避免爆发的战争产生于己不利的后果，并从中获益。

无数的例证说明，有些国家的覆灭原因就是：当一个国家容忍敌国无限扩张时，这个国家就一定会衰败；即使是较弱的国家，只要适当地运用自己的力量，也可成为政治均势的缔造者。这足以证明，干涉性战争是有利的。

从军事观点上来看，作为第三方参战的军队明显具有决定性力量。这种决定性作用的大小，取决于它对开战两军所处地理位置是否有利。1807年冬季，拿破仑渡过维斯瓦河，冒险抵达柯尼斯堡城下，后方受到奥地利军队威胁，前方又面对俄国的大军，如果这时奥地利派出一支大军向奥得河进军，可能拿破仑就彻底失败了。当时法国军队认为，只要回到了莱茵河，他们就是幸运的。可事实上，所有情况表明这是不可能的。奥地利军队没有进攻，而是按兵不动，想等军队集结到40万才动手，等到兵力达到40万时，已经是两年后了，当然，奥军失败了。如果奥军抓住机会发动进攻，结局可能就是，奥地利主宰欧洲的命运了。

由于对内政和外交的干涉，又产生了以下几种战争：

（一）一个国家按照盟约要求，辅助性地参加干涉性战争，只派出辅助军队。

（二）为援助弱小盟国，保卫其领土，将战区转移到远离本国国土的地区，作为主力参国。

（三）几个强国联合反对一个强国，地理位置接近的国家，可能作为主力参战。

（四）可在战争爆发后参战，也可在宣战前干涉。

根据盟约要求，派出少量兵力干涉时，这个国家只处于辅助地位，作战的指挥权属于主要进行作战的国家。当作为联盟成员，派出大量军队参战时，情况则又有不同。

在这些战争中，情况各有不同。七年战争时，俄国是奥、法两军的辅助力量，但是在它占领普鲁士之前，它是北部作战的主力。当费尔莫尔和萨尔特科夫率军进入勃兰登堡后,他们就只为奥地利而战。他们这种远离本国的军队,只能依赖盟军的行动。

远离本国的远征,是危险的、困难重重的,1799年和1805年发生的战争就是例证。后文我将从军事观点研究和讨论这些远征。远征往往会使军队遇到危险,但又有有利的一面,那就是使本国国土远离战争的侵扰,大大减少敌人入侵的危险。对军队和将领而言,远征虽然十分艰巨,但对国家和人民而言,远征其实是有益的。

在此类战争中,最主要的问题是:选择作战总司令;明确各国在作战时的责任;制定完全符合各国利益的目标。历史上,多数同盟恰恰因为忽略了这些问题而失败。

第三类干涉性战争,我们可以称其为时机有利的战争,因为它不仅可以全力参战,还可以接近本国国界作战,所以它可算得上是最有利的战争。奥地利在1807年就是这样,结果它错失了良机。1813年,奥地利又获得了一个类似的机会。当时,奥地利与萨克森接壤,拿破仑刚刚在萨克森集中兵力,奥地利只要从后方突袭易北河地区的法军,就能战胜法军。在此情况下,稳操胜券的奥地利投入了20万兵力,之后它恢复了对意大利统治,这是它丧失了15年之久的权利。在这场干涉性战争中,奥地利在军事和政治方面都获得了很大的利益。

奥地利之所以能大获全胜,一方面是因为这次干涉距离本国很近,它可以调集大批兵力;另一方面是因为它是在战争已经爆发的情况下参战的,可以选择最佳时机全力以赴地作战。这两种优势有着巨大的决定性作用。

一些很弱小的国家,只要善于把握局势、捕捉战机,也能在战争中获胜。1552年，选帝侯莫里斯·萨克森反对卡洛斯一世，虽然后者是西班牙、西西里、那不勒斯等国国王，曾经打败过弗朗索瓦一世[1]，甚至一度控制法国，但这次战争，卡洛斯一世被打败了。1706年，萨瓦公爵和维克托·阿梅杰对路易十四宣战，从而彻底改变了意大利战争的进程，迫使法军退至都灵城，萨瓦公爵树立起一座不朽的丰碑。有多少政治家能与这两位伟大的人物并肩呢？

我想我已经把及时进行干涉性战争的意义与优点讲得够深刻了。

侵略性战争

我必须向读者指出一个很重要的问题，即入侵邻国的领土和入侵遥远国家领土的战争是有很大区别的。后者需要越过一些国家，这些国家持什么态度，是需要仔细考虑的。

遗憾的是，出于征服欲望而进行的入侵战争，并非总是不利的。亚历山大、恺撒、拿破仑战绩的一半都可证明我的这个观点。但是，这种利益是有限度的，超过了这种限度就将面对覆灭的危险。

冈比西斯二世[2]入侵努比亚，大流士[3]入侵斯基泰，克拉

---

[1] 弗朗索瓦一世（1494—1547），又译法兰西斯一世，法国国王，在意大利战争中最后败给了如日中天的神圣罗马帝国皇帝查理五世——编者注。

[2] 冈比西斯二世（？—公元前522），公元前525年率波斯军队入侵埃及，成为埃及统治者，建立埃及第二十七王朝（波斯第一王朝）——编者注。

[3] 大流士（？—公元前485），即大流士大帝，公元前521年—公元前485年任波斯阿契美尼德王朝君主——编者注。

苏[1]与尤利安皇帝[2]入侵安息,拿破仑远征俄国,都是惨痛的教训。当然,对拿破仑而言,征服欲并非是他发动战争的唯一原因,他爱好战争和冒险,也可以说他来到世间的目的就是教会军队统帅和国家元首,该怎么做,该避免什么,他的胜利告诉人们,要灵活、积极、勇敢地作战,而他的失败则告诫人们,作战应该谨慎。

还有一种毫无理由的侵略战争,是对人类的犯罪,如成吉思汗发动的战争。战争只有在为了巨大利益或者具有充分理由时,才能获得人们的谅解。

1808年和1823年法国入侵西班牙,两次作战的结果截然不同。第一次作战完全是一次侵略,威胁西班牙民族的生存,罪魁祸首也自食恶果。第二次入侵,法国的入侵赢得了所占地区大多数民众的支持,因而获得了胜利。

我提到这两次战争,只是为了说明,入侵并不仅是成吉思汗所为。在我提到的这些入侵中,第一次导致拿破仑下台,第二次则恢复了法国和西班牙之间中断的邦交关系。

我总是希望入侵越少越好,但是,我也要承认,入侵邻国要比等待敌人进攻有利多了。我还要承认,制伏征服者需要善于选择时机,为征服者设定一些限制,因此,如果不是过分的征服欲望,而是出于对国家利益的合理考虑而决定发动入侵战争,那么在确定战争的规模时,就应该考虑战争的目的和可能遇到的来自

---

〔1〕马库斯·李锡尼·克拉苏(约公元前115—公元前53),古罗马军事家、政治家,公元前53年仓促发动了对安息帝国的战争,在卡莱战役中全军覆没,本人也死于征战中——编者注。

〔2〕弗拉维乌斯·克劳狄乌斯·尤利安努斯(331—363),君士坦丁王朝的罗马皇帝——编者注。

敌国和其盟国的一切障碍。

如果一国的人民群情激奋，打算不惜一切代价战斗，而且该国又有强大邻国的支持，那么对其发动入侵战争是极其困难的。拿破仑在西班牙的战争就深刻地印证了这条真理，1792年、1793年和1794年法国大革命的几次战争都是很好的例子。法国虽未被占领，但也没有任何强大盟国的支援，它几乎与欧洲为敌。

我举这些例证的目的是为了从这些历史事件中找出规律，以便在类似行动中得到一些教益。

俄国对土耳其的战争，也在某种程度上激起了人民的抵抗，然而，这次情况有所不同。奥斯曼土耳其对敌人的仇恨令他们拿起武器，然而他们没有得到希腊人的支持。如果土耳其人可以和希腊人联合起来，那么他们就能变得更加强大。

入侵邻国，如果不顾及当地居民，那么左右战争的就是战略法则。拿破仑对意大利、奥地利和普鲁士发动的战争，都是在这些法则上迅速发展的。关于纯军事方面的问题，我将在后文专门阐述。

如果入侵遥远的国家，而必须越过一些国家，那么成功多半依靠外交，而非战略。保证成功的首要条件，就是使靠近敌国的强国成为自己的盟友，因为在它的支援下，我们不仅可以增加兵力，还可以得到牢固的基地和掩蔽场所。要获得这样的有利条件，必须使盟国与我们利益与共，使其与我们一样关心战争的成败。

我们总说，政治对远征具有决定性作用，政治干涉对向邻国的入侵也有很重大的影响。1805年和1809年，法国入侵奥地利，如果普鲁士能适当地干涉，那么结果又会不一样了。1808年，法国入侵普鲁士，战争的结局很大程度上受到了维也纳内阁的影响。1829年，如果没有采取果断的政治措施，不采用谈判来排除干涉，那么俄国对土耳其的入侵很有可能失败。

信念战争

信念战争、民族战争和国内战争之间有很大的差别，但人们总是分不清这三者，因此我必须对它们分别阐述。

信念战争可分为：局限于内部斗争，即国内战争[1]；既是内部斗争，又是外部斗争；局限于外部冲突的斗争。

两国之间的信念战争，也属于干涉性战争。它的起因大致为：一方想将一种学说强加给邻国；一方想反对并打倒另一方的学说。这两种情况下发生的战争，都属于干涉性战争。

这类战争的原因，无论是出于宗教还是出于政治信仰，结局都很惨烈，因为这类战争容易激起各国强烈的复仇心理和残酷可怕的欲望。三十年战争、神圣同盟战争，都不同程度地反映了这些特点。宗教虽然为教义服务，但是宗教往往更能被利用成为夺取某种政治权利的借口和手段。教义可激起同道的热诚，建立起同道的团体，教义也能激起不同人群的敌意，从而产生可怕的斗争。

一般而言，因支持和抵抗政治信念而引发战争的概率差不多。1792年，欧洲各国对《人权宣言》极为恐慌，人们当时只想到堵住这个即将爆发的火山口，这显然是愚蠢的。对于这种狂热情绪，战争是下下策，时间才是灵丹妙药。一个成熟的民族，狂暴分子引发的骚乱只是暂时的，人们会在短暂的失控后，重拾理

---

[1] 本节所谈的是国家之间的战争，国内战争将在另一节中介绍——作者注。

智。如果用外力来平息这种骚乱，只会火上浇油。

我深信，如果吉伦特派和国民议会未遭武力威胁，它们是不敢把手伸向软弱的路易十六身上的。而且，如果不是杜木里埃[1]的惨败和外敌的武力威胁，吉伦特派也不会被山岳党人击败。如果放任各党派互相争斗，那么法国国民议会就会一直掌权，甚至主导恢复君主政体。

从军事方面看，这些战争是可怕的，因为入侵不仅要面对敌人的军队，还要面对反抗的民众。要知道，被激怒的民众掌握着各种力量，他们支持军队、占领要塞、兵工厂，入侵者又有什么呢？

法国大革命时期的斗争，是这种战争的最佳例证。它告诉我们，攻击一个满怀狂热情绪的民族是多么危险！更别提入侵者那拙劣的军事行动了。当杜木里埃溃退后，联军如果一面向守军宣称，他们之间并无仇恨，一面率20万大军直取巴黎，那将会是什么结果呢？他们也许能暂时复辟帝制，但如果没有一支强大的军队掩护他们向莱茵河撤退，他们的下场也很悲惨。一切都取决于法兰西人民和军队的决心。

至于信念战争的军事规律，大致与民族战争的军事规律相同。两者的不同点在于，民族战争中，敌对国家必须使其屈服，占领敌国的要塞，歼灭敌国的军队，彻底征服敌国；信念战争的主要目的是不受任何细节阻挠，避免激起其民众的反抗心理。

1823年的西班牙战争与法国大革命战争相反，法国大革命战争是信念战争，同时也是民族战争，还是国内战争。1808年西班

---

[1] 杜木里埃（1739—1823），军人，曾积极推动法国对奥地利宣战并策划入侵低地国家——编者注。

牙战争完全是民族战争，1823年西班牙战争只是部分意义上的信念战争，毫无民族性质可言，这两次战争的结局也就差别很大。

从实施技术上看，安古林公爵的远征是成功的。他不仅攻占了要塞，在抵达埃布罗河后，攻占了敌人所有基地，他没有按照内阁的指示去征服全部敌国土地（这会再次激起西班牙人的反抗），这使他获得了各民族的支持。他明白，这是一场政治性的战争，需要尽快结束战斗。凡是要指挥此类远征的人，都应该仔细研究安古林公爵的行动，他不超过三个月，就已经到达加的斯城。

从事件经过可以得出，西班牙的失败与军队毫无关系，西班牙政府既未能利用取得的成功，也没能建立起稳固的秩序，西班牙政府屈从了反革命分子，人民也分裂成了两个敌对的阵营。这是一个深刻的教训，历史不止一次地告诫我们，革命和反革命都无法巩固政权，人们需要的是一个强硬的元首，他得到军队的支持，符合国家的利益，能将西班牙民族联合起来。西班牙是一个美德与瑕疵兼备的民族，如何正确评价它，一直是个问题。

人民（民族）战争

讨论干涉性战争时，我曾提到了民族战争。我也曾说过，民族战争是最可怕的战争。全民参加的或是大多数国民参加的为了捍卫自己独立的战争，才能称为人民战争。在人民战争中，每占领一寸土地，都要付出巨大的代价。侵入这个国家的军队，只能控制所驻据点，只能用武力获得补给，其交通线往往被威胁着。

全民自发参战的战争较为少见，如果真的出现了这样的战争,那么将面对十分可怕的结果,为了全体人类利益,最好还是不要出现的好。

这种战争的出现,可能是由截然相反的原因造成的,即被奴役的人民响应政府的号召,或是人们在迷信的驱动下武装起来。还有一种就是人们出于政治信仰,开赴战场保卫其自认为最宝贵的东西。

制海权对于入侵结果影响很大。如果一个国家控制绵长的海岸线,掌握制海权,或与一个拥有制海权的国家结成同盟,那么这个国家的抵抗力量就会增加。这不仅是由于全体人民互相支援,也不仅是因为敌人在可能的一切地方都将受到侵袭,还由于敌人难以从海上运输补给。

在人民战争中,国家的天然地势对防御外敌也有帮助。山地国家、拥有辽阔森林的国家,往往是其敌人最不愿侵扰的国家。瑞士人反抗奥地利和勃艮第公爵的斗争,加泰罗尼亚人民1712年和1809年的斗争,俄国人征服高加索民族的艰难斗争,都证明了山地人民抵抗更持久,这部分原因是人民的特点所致,部分是因为他们国家的自然条件不同。隘路森林和悬崖峭壁,都利于防御。法国西部旺代地区的地形也证明,围墙、峡谷、沟渠、崎岖不平的道路,都利于防守。

在信念战争和民族战争中,正规军可能会遇到种种困难,尤其是对指挥官而言,要完成任务极为不易。荷兰人反抗腓力二世,美国人反抗英国人,西班牙和蒂罗尔反抗拿破仑,摩里亚反抗土耳其,纳瓦拉反抗克里斯提娜女王的斗争,都证明了我的这个论断。

进行民族战争是非常艰巨的,尤其是敌对民族拥有一支纪律严明的军队时,更是如此。入侵者拥有的只是一支军队,而他的敌人拥有军队，还有整个民族的支持，他们人人都要奋起抵抗，运用一切武器杀敌。入侵者只能控制占领的地区，一旦离开这里，就会因敌人和敌人所设置的重重障碍而寸步难行。

如果敌国天然屏障众多，这种困难就更大。敌人不仅熟悉当地地形，还能迅速掌握入侵者的一切活动，并采取最有效的措施来破坏入侵者的计划。入侵者处境就更加艰难，他们无法获得情报，更不敢轻易派出人员，只有把队伍集中起来才能稍微有点安全感。这种情况下，他们的每一步计划都会落空，本以为凭借周密的计划、快速急行军，会收获战果，结果敌人早就无影无踪。当入侵者疲于奔命时，敌人可能正在袭击其辎重队和补给线。对入侵者而言，这就是一场灾难性的战争，他将被拖垮。

西班牙战争中，有两个例子相当可怕。内伊[1]率领的部队在科罗尼亚接替苏尔特[2]所率部队时，炮兵辎连队部署在各旅的中央，在周围80千米处没有发现任何西班牙部队。一天夜里，这些辎重连队全部失踪了。后来得到消息，他们是被教士和僧侣带领的农民杀害了。

四个月后，内伊率领一个师前往阿斯图里亚斯，他沿着纳维亚河河谷而下。与此同时，克勒曼从莱昂出发，朝奥维耶多前进。防守阿斯图里亚斯的德拉罗曼军一部分冲向纳维亚河河谷周围高地的另一面离法军不到4千米的地方，内伊对此却浑然不知。

---

〔1〕米切尔·内伊（1769—1815），法国元帅，1808年6月6日，被封为埃尔欣根公爵。1815年滑铁卢失败后被捕，12月6日被判有罪，12月7日在卢森堡戈登附近被枪杀——编者注。

〔2〕尼古拉·苏尔特（1769—1851），法国元帅，拿破仑手下名将之一，被认为是最出色的战术家之一——编者注。

当内伊进入吉荣时,德拉罗曼的军队发起了猛烈进攻,几个团面临被歼灭的危险,内伊迅速退向卢戈,他们才得以脱险。在西班牙战争中,上述情况不胜枚举。法国人无法获得情报,西班牙人甚至设下了陷阱,把他们引入自己设好的天罗地网中。

任何一支精锐的军队,向一个骁勇善战的民族发起战争,都是难以取胜的。除非它非常强大,足以占领敌国的一切要点,确保自己的交通线,并且能用强大的分队消灭随时随地出现的敌人。但是,如果敌人用强大的军队构筑一个全民抵抗的团体,那么入侵者还能在任何要点保持优势,保证其交通线不受任何侵袭吗?

为了明了一名军事统帅或某支英勇军队征服或占领一个奋起反抗的国家所要遇到的障碍,我们要深入研究一下伊比利亚半岛的战争。这场战争中,武装起来的西班牙人和葡萄牙人30万~40万之多,而其支援者则有威灵顿、贝雷斯福德、布莱克、拉罗曼纳、奎斯塔、库斯塔尼奥斯、雷丁和巴拉斯特洛斯等人所率的军队,而拿破仑、马赛纳、苏尔特、内伊和舒舍等人竟能与之对峙六年,这需要何等的耐心、勇气?

要在此类战争中取胜是相当困难的。首先,必须根据预期的一切抵抗和障碍来扩充军队;采用一切可行的方法来安抚人民,做到恩威并施、公正严明。这都是为了取胜而必须首先采用的一些原则。亨利四世在神圣同盟战争中的战例,贝尔维克在加泰罗尼亚、叙舍在阿拉贡和瓦朗思、奥什在旺代的战例,都取得了成功。这些伟大人物和季比奇和帕斯克维奇将军在1828年所指挥的军队一样,都拥有良好的秩序和严明的纪律。这些特点很大程度上促进了他们的成功,他们也成为值得我们学习的范例。

这种民族战争可能遇到的重重阻碍，使有些人产生一些侥幸心理，他们希望永远不发生这一类战争，如果他们的希望实现了，对别国的征服也就更加困难，而将领们也将失去信心。

从表面上看，这似乎有些道理，但是，这种想法所产生的后果就是，从此只为征服、捍卫政治均势或社会利益而战。

如果不发动全民战，不采取消耗战，就没有别的办法来反抗此类侵略吗？难道在全民战争和正规军作战之间没有任何折中的战争形式吗？难道警察和后备部队[1]无法保卫国家和人民吗？我的答案是肯定的。如果法国采取混合体制，5万人的正规军，加上来自东部各省的国民自卫军是可以击退越过孚日山的普鲁士军队的。我还建议，制定一条律法，要求从人民中征召精良的预备队。这种体制的优越性在于，平时能减少开支，战时能保卫国家。法国在1792年采用了这种体制，1809年和1813年，奥地利和普鲁士也相继效仿了这种体制。我无法预料，在此之后，有人把这种体制当作一个可攻击的靶子。

我深信，用正规警察部队和后备部队在政治联盟的帮助下，维护国家是可行的。

作为一个军人，我认为具有人道主义的战争比有组织的屠杀好，如果可以选择的话，我宁愿生活在古代，而不是可怕的现在。因为在古代，作战都是彬彬有礼的，而不是现在，妇女儿童也被卷入屠杀中。

---

[1] 后备役部队应该是根据政府号召参战的，身穿军服，完成自由人民承担的义务，能在国际法公约规定的范围内行动——作者注。

国内战争和宗教战争

与国外纠纷无关的内部战争，起因通常由于不同的政治和宗教派别意见和思想的冲突所致。在中世纪，往往是各封建集团之间引发这种战争，不过最值得研究的还是宗教战争。一个政府如果利用国家力量削弱反对党派的实力，尚属可以理解的范围。但如果，为了迫使人们统一用法语或是拉丁语祈祷而引起战争，就太难以理解了。宗教狂的战争，如果与外部战争产生联系，是非常可怕的，如果又加上家族纠纷，就更恐怖了。神圣同盟时代的法国就是一个实例。

以下这点是我认为能够忍受的：两个教派或是两个党派联合起来，赶走想要插手的外国人，然后双方在互相克制的情况下，通过和谈达成谅解，确定各自的权利。第三方介入某国内部的宗教纷争，只能说明它别有用心。

两线作战和两线作战的危险性

罗马人有一条古训：千万不要同时进行两个大规模的战争。这条古训早已成为共识。

一个国家可能被迫同时与两个邻国作战，尤其是在还找不到能出于自卫和保持政治均势而给予援助的盟友时。两国人民联合起来倾力反对一个国家的情况很少见，但如果其中一个国家只是辅助作战，那么这就是属于另一个范畴的战争。

路易十四、腓特烈大帝、亚历山大和拿破仑，都曾独力面对欧洲联盟。如果本可避免因侵略而引发的这类战争，那么说明，发动战争的一方是在自食恶果。如果这种战争是在不得已的情况下进行的，那么就必须采取任何可以改变态势的措施，力求结成联盟。

反对路易十四的联盟，表面上是因为西班牙的问题而结成同盟，实际是路易十四多次发动侵略，使其邻国极为不安。在对付欧洲同盟时，路易十四与巴伐利亚选帝侯结成联盟。腓特烈二世当时也只是获得了英国的经济援助与一些小国的协助，而他要对付的是欧洲三大王国所结成的同盟，幸好敌人行动不协调、兵力不足帮了腓特烈二世的忙。

俄国亚历山大1812年所经历的战争，与这两次战争一样，也是不可避免的。1793年，法国遭到了整个欧洲的攻击，然而法国却奇迹般地幸存下来。

在近代各国统治者中，只有拿破仑一人，主动同时发起多线作战，即对西班牙战争、对英国和对俄国战争。但是，在俄国战争中，他得到了奥地利和普鲁士的支援，他还以为会得到土耳其和瑞典的支持。别人都认为他在冒险，但他自己并不这样想。

可见，以下两种战争差别很大：一个国家只对一个国家作战，第三者以辅助身份参战；一个国家同时从两面对两个强国开战，而两个强国倾尽全力作战。1809年，拿破仑如果只对奥地利开战，即使奥地利可能得到兵力支援，这种情况也比他向英国支持的奥地利和西班牙分别开战好得多。

我的结论是，尽量避免两线作战，一旦发生这样的战争，最好对其中一个敌国采取克制的态度，待时机成熟再一雪前耻。这也是有条件的,双方的兵力对比、地形条件,以及为了恢复政治均势而争取同盟的可能性,都会对该国产生影响。

我既指出了这种战争的危险性,又得出了如何应付这种危险的方法,那么我的目的也就达到了。

第二章

军事政策或战争哲学

本章内容包括与军队行动有关的一切精神手段。如果我们所谈及的政治手段也属于精神手段范畴，那么影响战争进程的方法，还应该包括一些在外交、战略手段和战术手段之外的其他手段。将这些手段统称为军事政治和战争哲学最合适不过了。

"哲学"可划入战争范畴，但因为我们对哲学没有固定的解释，于是把战争哲学和军事政策放在一起来讨论，就有些困难。我明确解释为："战争政策"就是外交与战争之间的一切关系，"军事政策"是指政府和军事统帅采取的一些军事手段。

军事政策范围很广，它包括除带外交政策和战略性质手段外的、有关战争计划的一切手段。我的任务就是指出这些手段与军事行动的联系。

军事政策还包括，敌对民族的战斗意志、军事组织、现役兵力、预备兵力、经济资源，以及他们对本国政府的忠诚度。此外，军事政策还要考虑国家领袖和军事统帅的才干，以及政府或军事委员会在政治中心所能对战争施加的影响，必须了解督军总参谋部的主要作战原则，双方军队兵力组成和武器装备，企图入侵国家的军事地理和军事实力统计、一切资源、一切障碍。这都是需要研究的，它既不属于外交，也不属于战略。

对这些问题，我不可能规定出固定的法则，我唯一能确定的是，政府绝对不可忽视这些问题，必须在制定战争计划时给予充分考虑。现在我对关于这些问题的一些基本观点进行探讨。

军事统计学和军事地理

利用军事统计，就是要彻底了解假想敌的实力和资源，而军事地理则是研究：战争区的地形和战略形势，可能遇到的天然和人工的障碍，国家边界或幅员所形成的具有决定意义的要点。这是内阁、统帅部、参谋部都应该了解的情况，否则，他们就会出现严重失误。这种情况时有发生，哪怕今天的人类已经在统计学、政治学、地理学和地形学等方面取得了巨大成就。1796年，法国的莫罗将军在入侵黑森林时，当他率领法军登上与莱茵河相望的陡坡之后，并未出现想象中的高山、隘路、丛林，取而代之的则是辽阔的平原。1813年，拿破仑认为，波希米亚内部山地纵横，可当他率领部队绕过群山后，才发现这里地形的平坦是整个欧洲国家都难以见到的。

所有欧洲军人，对巴尔干山脉和奥斯曼土耳其人都有一种类似的错误想象。他们认为，巴尔干山脉是土耳其帝国无法越过的壁垒和障碍，身为阿尔卑斯山的居民，我从未对此表示同意。因为这些传统偏见，他们认为土耳其人肯定组织了一支可怕的、能顽强抵抗到最后的民兵。事实证明，土耳其边境只是一道没有任何力量的精神障碍。当俄军打破这道障碍，那些传统的幻想就消失了，他们令土耳其帝国措手不及。事实证明，一群武装到牙齿的勇士，仅靠蛮力是无法成为一支精良的军队的，也无法保卫民族不受侵犯。

军事地理和军事统计目前还缺乏基础论著，这有待进一步发展。劳埃德[1]在《回忆录》中总结了从地理上概述欧洲各大国边界的经验，但他的见解和预言还有待检验。他的一些观点，也遭到了事实的批判，比如说他所认为的不可克服的障碍——奥地利边境，就曾被拿破仑和莫罗冲破。

虽然军事地理和军事统计还未发展到可向全民传授的地步，但那时在欧洲各国总参谋部的档案馆里，已经有很多珍贵的资料，足供专门机关和学校学习的。希望善于研习的军官，能利用这些资料，编写一些有关军事地理和战略地理的专著来。我同时也希望，地形学的进步，可以弥补一些地图的不足之处。直至法国大革命开始时，地形学还处于萌芽期。所幸的是，奥地利和普鲁士总参谋部已经创办了相关的院校，取得了丰硕的成果。不久前，维也纳、柏林、慕尼黑、斯图加特、巴黎等地出版的地图，以及赫德尔专科学校绘制的地图，都是前人未曾见到的极其珍贵的材料。

普通人对于军事统计和军事地理都不够了解。目前它们也只有一些表面的、不全面的图标，上面胡乱写着一些关于国家军队和军舰数量的文字，以及关于国家预期收入的数字的面貌出现。但是，这还远远不够，构不成联合作战需要的科学资料。这都是军事上制胜的重要因素。

其他影响战争胜败的因素

当人民的激情成为大敌时，政府和军事统帅都应竭尽全力地

---

[1] 劳埃德，英国军事历史学家，军事理论家，曾先后在奥地利军队和普鲁士军队中服役，著有《劳埃德将军军事政治回忆录》等军事著作——编者注。

平息人民的这种情绪。对于这个问题，我已经在第一章中探讨过，此处不再赘述。

军队统帅应该尽力振奋战士，激发他们的激情，而敌人面对这种激情，则是难以战胜的。所有的军队都具有激情，只是因为各国人民的特性不同，用以激发的手段和原因也有所不同。雄辩术曾是许多著作研究的对象，我在这里只把它作为一种激发士气的方法。拿破仑和帕斯克维奇的训令，古代将帅对战士的训词，都简洁有力，堪称雄辩的典范。与人民攸关的战争起因以及大名鼎鼎的名将，都是鼓舞士气、促使军队取胜的利器。

一些军人对这种士气持否定态度，他们更倾向于在战争中冷静沉着、稳扎稳打。我认为，二者各有利弊。士气虽然产生巨大能量，但不易持久，一旦失利，士气就会变得低落。

交战双方指挥官的积极进取和无畏精神，也是获取胜利的重要因素，但是其作用大小并没有规律。任何政府和统帅，都应该随时考虑军队的内在价值，善于比较双方的力量。当一个俄国将领率领一支纪律严明的军队在开阔地区作战时，他能轻而易举地战胜一支人员勇敢却毫无组织的军队。这里就出现了我要讲述的另一个问题，即"一致"的问题，一致产生力量，秩序确保一致，纪律则是秩序的先导。没有纪律和秩序的军队，是无法取胜的。还是那个俄国将领率领着同样的军队，当他遇到一支纪律和训练与自己相当的军队时，他就要慎之又慎地行动了。最后，运用同样的手段，如果面对的是马可将军，那么他可能取胜；如果面对的是拿破仑，那么他就会惨败。

对于军事行动的激烈程度，政府具有很大的决定性，这种决定性表现在政府对军队的影响上。一个军事统帅的行动是完全自由的，而他的对手则要受到千里以外的最高军事委员会的束缚，在此情况下，后者一定会在战争中处于劣势。

一个统帅的指挥能力无疑是取得胜利的最重要因素，尤其在交战双方其他条件完全相同的情况下。当然历史上不乏名将被庸才击败的例子。但是，例外是无法撼动定律的。命令被部下误解，或是其他偶然的情况，都有可能成为改变结局的因素，这是不可预见和不可避免的。但是，如果仅仅根据这种情况就否定一般情况下的原理和定律，那该多么可笑！毫无疑问，只有灵活正确地运用原理的一方才能取得胜利。军事科学是一种能使所有可以预见的情况利于自己的科学，但这种科学并不适用于变幻无常的命运，哪怕是因调度得当获胜的次数多于偶然性获胜的次数，也不能否定我的论断。

如果统帅的才智是取得胜利的最重要因素之一，那么我们就能很好理解，为何选择统帅是国家管理科学中最复杂的问题之一，以及它为何是国家军事政策最重要组成部分之一了。然而，这种选择往往受到外界的影响，以至于在选择统帅时，年龄、私人好恶、党派争斗、忌妒等成为影响最多的因素，而忽视了社会效益。这个问题，我将专门加以分析。

军事制度

军事制度是政府军事政策最主要的组成部分之一。凭借它，一支精锐才有可能在平庸司令官的领导下创造奇迹。当然，一支平庸的军队，在一位伟大将帅的指挥下，也能创造同样的奇迹。然而，我们应该追求的是，将高超指挥技能的司令官和精锐结合起来，这样才会创造出更伟大的奇迹。

以下条件可以用来衡量一支军队的制度是否完备。

1. 良好的兵员补充制度。

2. 良好的军事组织。

3. 官兵在机动、内务、勤务方面有良好的训练制度。

4. 严明的军纪，以信念为基础的服从和执行命令的精神。

5. 赏罚分明。

6. 特别兵种[1]得到充分良好的训练。

7. 武器装备优于敌人。

8. 拥有一个善于利用一切资源、善于组织军官学习和实践的总参谋部。

9. 良好的仓库、医院、后勤管理体系。

10. 统帅部和高级指挥机关组织体制健全。

11. 有效地提高士气的手段。

为了避免重大损失，上述的任何一条都不可忽视。1806年的普鲁士军队，虽然训练良好，纪律严明，但是缺少能干的统帅领导，又缺乏后备军，结果他们在15天内就被拿破仑打败了。历史上不乏拥有精锐部队的国家。腓力二世和亚历山大都是善于建立和训练方阵的高手，他们善于调动军队，以少数精兵征服了波斯和印度。腓力二世的父亲阿敏塔斯三世极为重视训练士兵，所以他能拥有一支所向披靡的军队。

任何政府，不管以什么借口轻视军队，都将受到后人的诟病，因为轻视军队，会使国家失去胜利，甚至给国家和军队带来

---

[1] 如工兵、炮兵等兵种——作者注。

耻辱。主张政府应该为军事牺牲一切的观点是荒谬的，但军队应该是政府关注的对象。如果一国之主没有受过任何军事教育，他就很难在这方面有所建树。在这种情况下，建立起一个完善的、富有远见的制度，就成为最佳的解决方案。一个完善的军事制度，首要部分是制定完善的征兵制度和后备军体系。

虽然一些政府形式是不允许国家元首采用最好的军事体制的，但是，我们要看到，罗马共和国、法兰西共和国、路易十四、腓特烈大帝都证明，即使各国政府的组织原则各不相同，却都拥有良好的军事组织和英明的指挥。不管我们承认与否，现在的政府形式，都很大程度上促进了国家军事力量的发展，可以提高军队的真正军事价值。

当国家的财政大权掌握在代表地方利益或小集团利益的人手中时，政府的种种军事考虑都将要受到严格限制，哪怕是一些微小的要求也会被否决。许多人会误认为，政府是在与人民为敌，没有代表全体人民的利益。正是这样，政府本可根据本国最大利益和长远利益行事，做好充分准备，哪怕是在面对入侵时也能有组织地抵抗，却也不能不顾及国内人民的情绪，从而疏忽了作战准备。

议会代表们，大多数总幻想着获得那些授予他们权力的纳税人的欢心，所以总是以经济目的为借口——虽然他们并不明白经济原理，削弱为建立纪律严明、训练有素的部队所需的制度。他们总是欺骗选民，让他们相信，和平比拥有强大军事力量更好。

我从不主张天天准备打仗，这是对人类的祸害，而且就我们所处的文明世界来说，这也是不可能的。我著书的目的在于告诫人们,一个文明国家的政府应该做好随时作战的准备。为了达到这个目标,政府一定要有远见,建立完备的军事制度和军事政策。

在立宪政体下,政府总是受立法议会的牵制,这使得它在建设军事体制和军事政策方面不够有力。但是我们无法否认,一旦国家命运遭到威胁,议会的作用尤为重要。历史上也曾出现过,在国家生死存亡之际,议会为了振奋士气,拯救国家,采用极端的手段实行独裁或者篡夺国家政权,从而促进国力的增长。罗伯斯庇尔和公安委员会倒台后,法国国民公会的表现就是这样的。此外,当国家面临重大危机的时候,独裁也不失为一种办法。似乎凡是控制在议会手中的国家,政治和军事比君主政体的国家弱。

请原谅我没有得出彻底的结论,因为我不能再谈更多有关这方面的问题了,这不是这本书的主要内容。我的地位,也不允许我再涉及这个领域。我只能为政界要人提出一些思考,供他们借鉴。我再强调一次,我只想揭示一些关于战争艺术的真理,仅此而已。

长期的和平时期,保持军队战斗力尤为重要,因为它容易在和平时期减弱。关于这个问题,最重要的是要保持军队的士气,经常举行大规模的实战演习。尽管这种演习与真实的战争还有一定差距,但它是最有效地训练军队、准备战争的方法。为弘扬军队吃苦耐劳的精神,还应该经常令其参加一些益于国防的劳动。

将军队分散,令其作为守备部队分驻各地,是一种极坏的制度,俄国和普鲁士都是按师、军固定建制编组,集中驻防,虽然比团好,但也好不到哪儿去。一般而言,俄国军队在很多方面都堪称军队典范,虽然它的很多制度不适用于他国军队,但它也不失为一个值得学习的榜样。

关于奖励和晋升,资历固然重要,但也不能忽视功绩的重要性。我认为,每一次晋升,应有四分之三的军官按资历晋级,四分之一的军官应该以个人才能和勤奋程度为晋升原则。在战时,资历晋升应该尽量停止,要将名额分给能力突出、战功卓越者。

武器装备是可以增加胜利机会的,但是仅仅依靠武器无法赢得胜利,武器的优势只能促进胜利。我还记忆犹新,在艾劳和马伦戈,法国人因缺乏炮兵吃尽了苦头;法国重骑兵因为胸甲而获得多次胜利;还有成千上万的枪骑兵觉得长矛不如马刀方便而丧生。

武器的发展日新月异。积极主动发展武器的国家,可以保持巨大的优势。攻防武器的研发都需要得到政府的重视。

近二十年来,军队组织、武器、战术都产生了巨大的变革,唯一不变的只有战略。从西庇阿和恺撒,到腓特烈、彼得大帝和拿破仑,战略是不变的,它不受自然条件、武器性质、军队编制的影响。

武器的发展速度惊人,武器可能成百倍地增加死伤的人数。如果世界各国不举行会议,限制毁灭性武器的研发,那么人们只能以最快的速度来摧毁这些武器,否则,步兵可能还未到达阵地就已经被歼灭。这种情况是很有可能出现的。杀人火器的发展,拿破仑经常采用的纵深战斗队形,是否还能继续坚持?关于这个问题,我们将在其他章节中详细阐述。

一个英明政府应采取的基本军事政策的要点如下。

1. 国家元首必须既受过政治教育,又受过军事教育。找到精明的行政官员很容易,找到军事家就比较困难了,所以他必须成为这样的军事家。

2. 如果国王不能亲自统率军队,那么他应该委托一位最有才干的将军负责维护国家的安全。

3. 常备军应该随时可以作战，必要时，它还要能利用后备队扩编，常备军训练和纪律都应该适应先进编制的要求。另外，军队的武器装备至少应该和邻国一样完善。

4. 储备优良的、足够的物质资源。抛开不必要的民族自尊心，重视并借鉴邻国所采用和发明的一切有益物质。

5. 保护和激励军事科学研究，给予研究者以荣誉和尊重，因为这是吸收人才的唯一方法。

6. 总参谋部要倾力为战争做准备。资料室应备有大量战史资料，以及各种统计、地理、地形和战略等方面的文件，由专人保管，保证文件的机密性。

7. 由最优秀的军官负责搜集邻国的军事地理和军事统计情况，了解敌人的作战物质能力和精神状态，判断敌我双方在战略上的优劣。此外，国家要对出色完成任务者进行嘉奖。

8. 决定战争以后，起码要制定一个概略的计划，明确作战目标，明确作战基地的建立和物资的供应。

9. 概略作战计划应包括：战争的目的；敌人的特点，国家可动用的资源，敌人的民族性和军政领导人的特点。概略作战计划还应考虑到敌人用于战争的物力和人力，以及战争期间敌我双方可能争取到的盟国。

10. 不要忘了国家的财政状况。它也是影响战争胜利的重要因素。在民兵组织良好的国家中，金钱的影响力已大大减低，法国证明了爱国心和荣誉感是可以招来士兵的，但这并不能作为一种制度的基础。我认为，一个国家想拥有最强大的国力，能经受长期战争，就必须拥有完善的军事制度、强烈的爱国热情和巨大的财富。

军队统帅和高级作战指挥机关

对于国王亲自统率军队是否于国家有利,人们各执一词。有一点很明确,那就是如果国王具有和腓特烈大帝、彼得大帝或拿破仑一样的才干和能力,就不应该把自己能完成的事业交给他人去完成。只有不重视国家的利益和自己的荣誉的人才会这样做。

在成功条件相同的情况下,国王兼任统帅会比不是国王的统帅占优势。国王对自己负责,可以无所顾虑地大胆行动,同时,国王掌握了一切他所需要的资源,可以将其投入战争,他还掌握着赏罚大权。

所有这些因素都足以使国王下定决心,使他在他认为最适合的时机,果断统率军队作战。但是,如果他没有任何军事才能,或者他缺乏坚定的意志,那么他就不适合担任军队统帅。每个将领都会呈报计划,而一个缺乏决断和军事才能的国王,很容易受到亲信的影响。这样,将领就会因此受到各种限制和干涉,国王还能企望胜利吗?有人主张国王随军出战,用自己权力来帮助统帅。国王随军可能有益,但是造成的困难往往更大,如果遇到己方军队被敌人包围,交通线被切断,都有可能酿成悲剧。

若是一方面感觉自己有能力亲率军队,一方面又觉得自己信心不足,那么最好学习普鲁士政府和布吕歇尔[1]的模式,政府给

---

[1] 格布哈德·列博莱希特·冯·布吕歇尔·瓦尔施塔特公爵(1742—1819),普鲁士元帅,在数次重大战役中名声远扬——编者注。

国王配了两个能力超群的将领，一个善于执行命令，一个是最有素养的参谋长。这种三位一体的模式，如果配合得好，就会获得良好的效果。

也可以由国王指定一位王子统率军队。自路易十四起，这种办法被经常采用。事实上，王子往往只是名义上的统帅，他的顾问才是真正指挥作战的人。在都灵会战中，奥尔良公爵和马尔森、奥德纳德会战中的布尔衮公爵和旺多默，都是这样配合的。但我认为这种做法是很不合适的，采用此方法就意味着无人对战争负责。都灵会战中，奥尔良公爵显然比马尔森更具洞察力，但马尔森使用国王授予的全权否定奥尔良公爵的意见，最后败给了尤金亲王[1]。如果这位王子有卡尔大公[2]的才干和经验，他就应该被授予全权。如果他没有这种能力，他就需要一个素养高的参谋长和一个经验丰富的顾问。

前文已经说过，国王如果不能亲自统率军队，他就需要指定一个代理人。从历史上看，这似乎是不可能的。尤金亲王就因为其貌不扬而受到国王的慢待，他甚至转而投入了敌人的阵营。一个明智的政府，应该公正地任用人才，但是人类本身的弱点会对此产生不利的影响。那些渴望得到重用的人，有人狡猾，有人谦逊，但后者总是被前者掩盖了光芒。即使不考虑这些偶然因素，我们也要承认，一个充满热情为国家谋取利益的元首，当他在选贤任能时也总是左右为难。

---

[1] 尤金亲王（1663—1736），神圣罗马帝国元帅、军事委员会主席，被认为是近代最伟大军人之一——编者注。

[2] 卡尔大公（1771—1847），奥地利帝国皇子、元帅、军事理论家，首位使拿破仑一世受挫的抗法名将——编者注。

要想选拔出真正的将才，负责选拔的官员必须出身军旅，善于分析判断，否则他就会受别人的影响，或者是受各种派系的影响。如果是由一位曾经在战场上多次建功的名将来负责，那么他在选拔人才时就会顺利得多。战场上没有常胜将军。如果想根据各人的表现来判定哪个将领更好，就比较困难。服役长、资格老的将领一定能胜任军队总指挥的工作吗？我看未必。

国王与部下接触的机会少、时间短，也增加了选拔的难度。即使是一个英明的国王，也有可能在选拔人才的问题上犯错，这也不足为奇。

最可靠的办法就是，像费内隆在小说《忒勒马克思》中所描绘的那样，找一个忠厚老实可靠的费洛克莱斯，他与公众接触得最多，可以帮助国王选出德才兼备的名将。但是，即使他是国王最可靠的朋友，难道他就没有个人好恶了吗？他就不会受到自己成见的影响吗？难道苏沃洛夫[1]不是因为外貌被波将金[2]否定的？

事实上，公众的意见更不可靠。杜木里埃对战争一窍不通，民众却把他当成恺撒一般。如果不是有两个领袖人物了解拿破仑，难道会有人根据民意选他为意大利军团总司令吗？公众的意见是可以作为参考的，尤其是公众经历过严重危机并具有判断的经验。

军队总司令应主要具备以下素质：性格顽强坚毅，可做出重大决断；冷静沉着，具有魄力，不惧怕任何危险；具有一定的学识。此外，总司令的学问不要求广博，而是要求少而精，尤其是

---

[1] 亚历山大·瓦西里耶维奇·苏沃洛夫（1730—1800），俄国伟大的军事家、军事理论家、战略家、统帅，俄国军事学术的奠基人之一——编者注。

[2] 格里戈里·亚历山德罗维奇·波将金（1739—1791），俄国名将，叶卡捷琳娜二世的宠臣——编者注。

深刻透彻地掌握战争艺术。

　　接下来我们谈谈统帅的品性。那种勇敢、正义、坚定、公正的人，能否尊重别人的功绩，不妒贤嫉能的统帅，太少见了。凡是思想品质低的人，总是爱妒忌贤能，他们喜欢用能力不如自己的助手，怕助手超过他们。这些人根本不懂，军队一切的光荣，都属于统率军队的总司令和整支军队。

　　时常有人问，一个富有经验并经常指挥军队的将领，一个来自参谋部或其他兵种、没有带兵经验的将领，谁更适合担任军事统帅？毫无疑问，战争本身就是一门科学，一个从未指挥过作战的指挥官，也可能指挥大军联合作战，彼得大帝、腓特烈大帝、拿破仑就是证明。不可否认，参谋出身的将领，也有机会成为伟大的统帅。有能力担任高级统帅的人，必须具备军事天才和军事素质。所以，一个出身军旅的将军同样可以担任军队的统帅。

　　由此可见，在选择由谁担任军事统帅时，可以从以下几个方面考虑。

　　1. 其他条件完全相同时，一个出身炮兵、参谋、工兵，指挥过师级、军级将军，比一个仅熟悉一个兵种或一个专业的人更合适。

　　2. 担任过军队领导对战争有所研究的将领，也可担任统帅。

　　3. 军队统帅必须具备顽强的性格，这是绝对必需的品性。

　　4. 一个有着丰富的战争经验、具备丰富的理论知识、具有顽强性格的将领，就是一个伟大的统帅。

　　一般需要给统帅增设一个得力的参谋部，这个参谋部可以采取会议的形式，为作战发挥积极作用。一个能保持并发扬优良传统的参谋部，才是设立它的目的。但是，我们也要注意，当他们对理论理解有误时，很有可能就会葬送这个机关。腓特烈大帝在创办波茨坦军事学院时，并未料到这个机构会将布吕歇尔将军的"右肩向前"原则理解为，斜形战斗队形是一切交战的护身符，你看，伟大和谬误之间，就是这么一步之差！

另外，还要尽量避免统帅与参谋长之间的冲突。参谋长从总参谋部中最优秀的军官选拔，但是统帅应该有权力选择一个能够与他协作的军官来担任这一职务。如果参谋长与统帅意见相左，那么部队就会出乱子。如果完全由统帅决定选谁担任参谋长，也许危险更大。为了避免这类情况，应由上级提出人选，统帅从中选择。

几乎所有的军队，都会召开军事会议来帮助统帅。如果是一个才能平庸的统帅，他将在军事会议上收获比自己高明的意见，甚至在与会人员的商议下，坚定作战决心。如果这个计划不是由计划拟定者本人执行，而是由别人代劳，那么胜利的概率有多大呢？如果计划不是统帅本人的意愿，他本人完全不理解计划制定者的用意，那么怎么指望他来执行计划并获得胜利呢？

我有过给总司令部充当顾问的经历，没人能比我更好地评价它了。在军事会议进行时，与会人员越多，军阶越高，便越难办，稍微一丁点儿的分歧，就能将真理和理智淹没掉。

即使是拿破仑，当他以顾问的身份参加军事会议，就向阿尔科莱进军，实施里沃利会战计划，越过圣贝尔纳山口行动，以及在乌尔姆或格拉和耶拿实施机动等问题提出建议，会发生什么情况呢？胆小的人会认为这会是疯狂的、鲁莽的，一些人会认为这是困难重重的，他们会一致否定拿破仑的建议。如果军事会议采纳了他的建议，但指派另外的人去执行，那么这些建议能够百分之百成功吗？我看未必。

所以，军事会议对统帅的帮助是微乎其微的。军事会议只有在与统帅意见完全一致的情况下，才能有所帮助。只有在这种情况下，才会坚定统帅的决心。只有这样，他才会相信，部下已经彻底领会他的意图，定会竭尽所能地帮助他实现它。这就是军事会议所能起到的作用。如果会议产生了分歧，后果只会是不幸的。

根据我的这些论述，我认为，当我们找不到一个久经考验的天才统帅时，最好的办法就是按以下原则组建军队的统帅部：

1. 由一个在战斗中果敢坚毅、临危不惧、久经考验的将军担任军队指挥。

2. 为总司令指派一位能力卓越、坦率诚恳、与总司令步调一致的参谋长。另外，身为总司令，要有宽广的胸怀，不妒贤嫉能。布吕歇尔就是这样与格奈泽瑙[1]等人合作，才获得了他一人无法建立的荣誉。这种方式绝不可以与腓特烈大帝、拿破仑或苏沃洛夫的指挥相提并论，但这是在没有一人能具备伟大统帅的全部条件下，可能找到的最好解决办法。

下面就政府在首都设立军事会议的问题，谈一下我的看法。鲁瓦[2]曾长期在巴黎指挥军队，并且取得了成功。卡尔诺[3]也曾在巴黎指挥共和国的军队作战。他们两人都是自己指挥，都没有召开过军事会议。维也纳的枢密院会议，经常执行指挥军队作战的任务。人们一致认为，就是这种指挥造成了可怕的后果。这

---

[1] 奥古斯特·威廉·安东·奈特哈特·冯·格奈泽瑙（1760—1831），普鲁士陆军元帅，军事改革家，滑铁卢战役的胜利者之一。1813年普鲁士参加第六次反法联盟后，在布吕歇尔麾下任参谋，之后任布吕歇尔元帅的参谋长，1825年晋升为元帅——编者注。

[2] 即第二代维勒鲁瓦弗朗索瓦·德·纽夫维尔（1644—1730），路易十四的玩伴，被提升为中将——编者注。

[3] 法国大革命时期政治活动家、军事家，著有《论要塞的防御》等——编者注。

种指责是否正确，只有奥地利的几位将军自己知道了。

我认为这种会议唯一的职责就是通过一般的作战计划。而且，这种计划不能规定过细，否则就会束缚将领们的行动自由，从而导致失败。这种计划所规定的范围应仅限于：规定作战目标，作战性质，所需物资数量以保证作战初期的需要、预备队的需要、民兵的需要。我没有否认，这些问题都可以由政府召集将领和大臣一道讨论，但是会议的目的仅限于此。如果会议有权命令军队向某地进攻，并且有权规定其机动方法，那么总司令败定了。在这种机制下，对失败负责的是那群远离战场几百千米的人，他们是纸上谈兵的高手。

民族的尚武精神和军队的士气

一个政府如果不培养人民的尚武精神，那么它为建立军队所采取的任何措施都是白费力气的。如果真像人们所说的那样，伦敦最有钱的银行家要比军功章获得者更为人尊崇，那么这种情况只能发生在依靠强大海军保护的岛国。一个大陆国家要是染上这种风气，就迟早要被邻国征服。罗马人的强盛不正是因为人民的尚武精神吗？当他们丧失了这种美德，不再以服兵役为荣，转而采用雇佣兵，罗马的衰亡已成定局。

我们不应该忽视任何能增加国家利益的因素，哪怕是最平凡的百姓，我们都必须给予尊重，因为他们是国家繁荣的基石。为了增强国家力量，我们必须鼓励英勇的精神。只要效仿恺撒不怕牺牲，就比那些庸人发国难财养肥自己光荣得多。如果那些牺牲生命、健康去保卫祖国的卫士，地位还不如那些生意人，这个国家是多么可悲啊！

鼓励尚武精神的第一点，就是尊重和关怀军队；第二点，对于政府官员的空缺，曾为国家服役的人享有优先候补权，甚至可以规定某些职务必须有服役满多少年者方可担任。对于那些叫嚣着反对军官参加社会生活、转任文职，主张只有文化人才能担任政府高级职务者，我对此的回应是，最利欲熏心的议员们，绝不是军队成员。

诚然，很多职务需要专业知识，但是，军人连利用业余时间学习服役期满后的专业的权利都没有吗？如果规定只能由大尉以上的退役军官担任文职，这难道不是在鼓励军人们去争取军衔吗？难道不是促使军官们在营区里努力学习吗？

有人认为，军职转文职太过容易，反而于提高士气有害，他们认为，使军人成为终身制反而更有助于巩固士气。埃及中世纪的近卫兵和土耳其帝国的精兵就是这样建立起来的。有的国家，教育七八岁的孩子，使他们树立终身服役的思想。英国人就曾以终身服役为荣，俄国规定军人的服役期限为25年，这几乎与英国终身服役制规定的期限相等。这在以志愿军兵役制为基础的军队里，的确有益，但在那些把兵役规定为临时义务的国家里，就该另当别论。罗马曾经规定，必须在军队服役满10年，才有权转任文职。看来，这似乎是一种较为有效的保持旺盛士气的方法，特别是在争取物质福利已蔚然成风的时代，更是如此。

无论如何，我总是认为，不管国家实行什么制度，一个英明的政府，必须提高军人的地位，以培养人民的光荣感和尚武精神。否则，这个国家就要重蹈拜占庭帝国的覆辙。

仅仅在民众中提倡尚武精神是远远不够的，还需要在军队中鼓励尚武精神。如果军人不英勇，即使公民尊重军人，提高军人的地位，那又能带来什么好处呢？这样的国家，只会拥有一支人数众多却没有价值的警察部队而已。

军队的激愤情绪和尚武精神是两个不同的概念，虽然它们的效果相同，但是却不能混为一谈。激愤情绪，我在前文已经说过，它在某种程度上说，是政治或宗教信仰以及爱国热情等暂时感情冲动的结果，而尚武精神，则是统帅领导艺术和国家完备军事制度所产生的结果。环境对尚武精神的影响较弱，政府对它的影响较大。

必须鼓励和提倡尚武精神，必须尊重军人，必须让纪律在全民脑海中生根，而不是流于形式。我们的军官必须坚信牺牲、英勇、责任感，是军人的美德，没有这种美德，任何军队都无法获得荣誉和人民的尊敬。我们还应该让全民懂得这样一个道理，失败时坚定不移，比胜利时精神振奋更可贵，只要还有勇气就还能继续战斗，而在占尽优势的敌人的打击下，进行后撤，更需要英雄主义精神才能临危不惧地撤退。一个伟大的君主，在军队完胜一次巧妙的撤退后，应该像得胜一般给予其奖励。

平时，军队应该艰苦锻炼，发扬吃苦耐劳的作风，对任何敌军都应该保持一种压倒性优势，保持集体荣誉感。简单地说，提高军队士气要靠鼓励勇敢，摒弃懦弱和胆怯。

罗马军团为何衰亡？因为军队日益娇惯。在西庇阿时代，即使是在非洲的烈日下作战，士兵们也不觉得身着甲胄多么辛苦，等到了日耳曼和高卢，士兵们居然觉得甲胄太重了，罗马帝国的末日也就到了。

我曾经说过，不要轻视你的敌人，因为当你所轻视的敌人奋起反抗时，你的军队的士气就会受其影响而动摇。拿破仑在耶拿会战前训话时，一面赞扬普鲁士骑兵的英勇，一面又预言，这些英勇的普鲁士骑兵不是埃及士兵的对手。

我认为，军官应该提醒士兵预防突发事件引起的恐惧。如果部队纪律不够严明，秩序维护也较差，那么即使这是一支最勇敢的军队也会突然陷入恐惧。10万土耳其大军在彼得瓦拉登之役被尤金亲王击溃，并非他们不够英勇，而是他们的攻击被粉碎后，自己陷入混乱，致使军心涣散，指挥官的命令根本无法得到执行。士兵们只想着逃命。只有稳定的秩序和卓越的统帅，才能扭转这种局面。别看法军在良将指挥下多么英勇无畏，他们也有这样的狼狈遭遇。维拉尔元帅的步兵，还曾陷入莫名其妙的恐惧中呢！拿破仑的步兵在瓦格拉姆胜利之后，也曾出现这种情况。在围攻热那亚时，袭击并成功攻占了迪亚曼特要塞的1500人竟然在一支骠骑兵分队面前逃窜。

当部队被打散时，慌乱逃跑比重新组织起来进行抵抗的伤亡更大。俄军在这一方面，可谓欧洲各国军队的模范，它在所有的退却中都非常坚定，这一方面是受其民族性格的影响，一方面则是它极其严格的军队纪律。事实上，混乱很大程度是由军队没有维持秩序的习惯，以及长官未采取预防措施所致。大多数将领在这方面的疏忽，让我很惊讶，他们甚至没有任何预防措施，反而抱怨有人建议他们采取预防措施。秩序往往可以依靠部队集合的习惯，得到迅速恢复。当然，也有例外，如果士兵已经毫无体力或者身受重伤，他们对任何指示都无动于衷时，长官的措施也就无法把他们组织起来。这只是特殊情况，一般情况下，只要平时养成维持秩序的良好习惯,采取巧妙的预防措施,严格遵守纪律,就一定有很大的帮助,即使不能完全避免惊慌,至少也能恢复秩序。

接下来我们将进行纯军事性问题的讨论。

第三章

战略与战略计谋

定义和基本原理

战争艺术,除了我在前文中所简要阐述的几个组成部分外,还包括战略、大战术、战争勤务、基础战术、工程艺术几个部分。现拟研究前三部分,首先我们来看看它们的定义。

我将循序渐进地阐述军队统帅在宣战时与之相关的问题。首先,我要说明的是有关作战计划的最主要问题。从这里可以看出研究战术和研究战略所遵循的程序恰恰相反,研究战术时,应该先从细节着手,然后再研究军团的编成和使用。

设想,在我面前有一支开始作战的军队,总司令首先需要注意的问题,即对战争性质的理解与政府保持一致;其次,他要仔细研究战场,按照政府首脑的要求,结合本国边境和盟国边境的情况,选定一个最佳的作战基地。

选定了作战基地,明确了作战目标,就可以选定作战地区。作战地区确定后,总司令应该选定军队的第一个作战目标,并制定一条能够达到目标的战线,使其有一个最有力的方向,保证军队不会遇到太大的危险,而且获胜机会最大。

军队沿战线移动时，应该有一个作战正面和一个战略正面。如果正面后方就是防线，那么军队应该更加谨慎。战线和防线上各个临时阵地就是战略阵地。

当军队接近第一个目标并遭到敌人抵抗时，它或攻击或机动，迫使敌人退却。这时，军队应该预定一条或两条战略机动线，机动线应偏离战线。

为了保证战略正面和作战基地之间的联系，还要根据军队前进的情况，建立宿营地线、补给线、补给站等。

如果战线纵深过长，在可对军队产生威胁的地方存在一支敌军，就可在以下两个方案中选择：攻击敌军支队，迫使其退却；继续行动，或者一边监视敌军一边行动。

军队接近作战目标，就会与抵抗的敌人交战，如果一时无法分出胜负，就将出现对峙。如果交战获胜，它将攻占目标，继续朝下一个目标前进。

如果第一个目标是一座要塞，那么就会发生围攻作战。如果刨除围攻部队而剩余人数不足以发起进攻，就应该在当地占领一个战略阵地，掩护围攻部队。1796年，意大利军团兵力不足5万人，当他们在无法越过曼图亚直插奥地利心脏时，便置曼图亚的敌人不顾，而在蒂罗尔和弗留尔上对付4万人的奥地利军队。

如果军队兵力足够扩大战果，或者无须围攻要塞，那就该继续向第二个重要目标前进。对于远距离的目标，军队必须选择一个中间地点为依托，以保障行动的顺利。这时，可以选择一两个已经占领且不易被突袭的城市作为中间基地。如果没有可利用的城市，就可建立小型战略预备队，利用临时筑垒掩护后方、警卫补给站。

军队如果需要渡河，必须尽快建立桥头堡，如果是在城市内渡桥，就需要在桥周围构筑工事，加强这些要点的防御，增加力量，或者配置战略预备队。

如果交战失败，军队应该退往基地，补充力量，吸收留守部队兵力，利用要塞和堡垒，阻止敌人追击。

如果交战时间在冬季，那么取得优势的一方，可以选择是保持对峙还是继续作战。一般，如果占优的军队在作战中未遇到严重阻碍，又想继续扩大战果，那么就可以选择冬季作战。对交战双方而言，冬季作战尤为艰难，相较于普通作战，它的胜利需要更大的毅力。

以上就是一般战争的过程，也是我们在研究各种作战问题时需要遵循的程序。战略包括以下几点。

1. 查明战区的特点以及在战区可能出现的各种情况的特点。

2. 根据上述情况，选定最有利的作战行动方向。

3. 选择和建立固定的作战基地和作战地区。

4. 选择进攻或防御目标。

5. 决定作战正面、战略正面和防线。

6. 选择从基地至军队作战目标之间，以及基地至军队所占领的战略正面的作战线。

7. 选定战略线，以便实施各种机动，包围战略线上的各点。

8. 建立临时作战基地和战略预备队。

9. 研究军队的机动。

10. 研究补给中心与军队行动的协同关系。

11. 研究要塞的战略意义、军队的掩蔽部和军队移动的障碍，研究如何围攻要塞。

12. 选择建立堡垒、桥头堡等工事的位置。

13. 选择牵制性进攻和派出大支队的有利时机。

上述各点，原则上都属于战争初期作战总计划的拟定内容。不过，除此之外，还应该包括一些属于战略的、在执行上又带有战术性质的混合型行动，如渡河、后撤、冬季作战、突袭、登陆、护送大运输队等。

战争艺术的第二部分就是战术，即军队在战场上的机动以及投入攻击的各种部署。

战争艺术的第三部分是勤务，即军队移动的艺术，它包括遂行行军、编组战斗队形、宿营等技术性细节的问题，也就是战略和战术的实际执行。

战争艺术的各部分之间没有绝对的界限。我的定义已经很好地说明了它们三者之间的关系。战略是发生在地图上，研究整个战争区的艺术。战术是发生冲突的实地作战和根据当地条件配置兵力的艺术，是在战场上各点使用兵力的艺术，这些点相距16～20千米，作战部队可能在这个范围内执行命令。战争勤务实际是战争准备的科学，是保证战略和战术使用的科学。我的这些定义，经常受到他人的批评，但人们并未提出更好的定义来替代。

在我看来，除了应该根据当地情况采取的措施外，大战术研究的对象还应该有：

1. 阵地和防线的选择。

2. 战斗中的攻势防御。

3. 各种战斗队形和基本机动模式。

4. 遭遇战和意外交战。

5. 野外全军的突然袭击。

6. 指挥军队投入战斗的号令。

7. 攻击阵地和营垒。

战争中的其他行动，如运输、饲养、前锋或后卫等，属于小局部战斗的具体细节。这类凡是由师级或独立支队单独采取的行动，不在大规模战争研究范围内。

战争的基本原理

本书的主要目的是证明一条普遍适用于战争中所有行动的基本原理。这条原理支配一切军事计策，使其成为巧妙的计谋。该原理的内容如下。

1. 运用计谋，逐次将军队投入战争区的要点，在保证自己交通线安全的情况下，使其尽力靠近敌人的交通线。

2. 进行机动，使这些军队面对敌人分散的兵力作战。

3. 交战时，运用战术机动，将主力集中在战场的决定点上或者是敌人展开的要点上。

有人批评我所总结的原理太简单浅显。他们反对我说，提出将主力用于决定点并加入战斗很容易，关键是，如何认清这些决定点，这才是战争的艺术所在。

我承认，仅仅提出一个一般性原理而不加以阐释，以帮助读者了解掌握原理在各种条件下的运用，是很可笑的。所以，我将尽我最大努力，教会好学的军官较为容易地找到这些决定点。在下文中，你们会看到各种决定点的定义，也可以找到这些决定点与战争各方面之间的关系。要是认真研究过本书中关于这方面的内容,都还觉得无法确定这些决定点,就别想研究战略了。

　　一个主要战区一般划分为左、中、右三块。同样,每一个区域、每个作战正面、战略阵地,乃至于每条防线,每条战术战斗线,总有中央和两端三个部分。在三个方向中,总有一个是对军队达到重要目标最有利的,一个方向是较为有利的,一个方向是比较不利的。在明确了目标与敌人阵地之间,以及目标与地理上各点之间的关系后,战略机动和战术机动,都可以归纳为一个问题,即在三个方向中选择一个方向进行机动。

　　当然,战争的艺术不仅仅是选择便于军队作战的方向,因为这还不够,指挥官不光要制定英明的计谋,还需要天才的执行力,更需要才干、毅力、远见。

　　接下来,我将详述在各种战略和战术手段中如何运用这条原理,我将用多个著名案例证明,除了极少数例外,凡是运用该原理的人,总是会获得胜利,而抛弃它的人,总会遭到失败。

作战体系

　　进行战争之前,需要确定一个问题,是进攻作战还是防御作战?它要求正确理解进攻和防御的含义。

　　有三种不同类型的进攻:第一种,入侵战争,即进攻一个大国的全部领土或是大部分领土;第二种,普通进攻,进攻一个省或一条有限的防线;第三种,只进攻敌人的某个阵地,只限于一次作战,也可称为"主动运动"。我已经说过,从精神观点和政治观点来看，进攻几乎都是有利的，因为它可将战火烧到他国，使自己国家免遭战火，减少敌人的资源增加本国的资源，提升本国军人士气，使敌人恐惧。我也说过，进攻会激起敌人的抵抗，尤其是当敌国人民感受到他们的行动关乎国家命运时，更是如此。

从军事观点上看，进攻有利有弊。在战略方面，如果入侵作战使作战线深入敌国，就有可能产生危险。在敌国，高山、湖泊、隘路、要塞等一切都是进攻的障碍，而当地居民的敌对情绪，也会对进攻造成阻碍。但是，如果进攻成功了，就可直接打击敌人的中心，夺取敌国的一切资源，尽快结束战争。

为争取主动权而实施的简短作战行动，总是有利的，在战略方面更是如此。事实上，战争艺术就在于将主力放在决定点上，首要手段就是争夺主动权。谁能掌握主动权，谁就能率先将主力投入在应该实施突击的决定点上。等待敌军来进攻，只会陷入被动，因为它不知道敌军会从哪个方向攻过来，也找不到合适的防御方法。

在战术方面，进攻也比较有利，但其程度不如在战略方面，因为作战的地域不大，即使夺取了主动权，也无法完全隐蔽行动，敌人能察觉并采取措施防备。此外，进攻一方为了到达敌人战线，必然要跨越多处障碍。

在战略和政治方面，不论进攻如何有利，在整个战争过程中，任何一方都不可能一直不停地进攻。没人敢说，以进攻为开始的战争不会转入防御。正如我说的那样，经过周密部署的防御也是有一定好处的。防御通常可分为两种：惰性防御，也可叫消极防御；积极防御，即同时也要实施突然进攻的防御。消极防御危害很大，积极防御则能取得成果。防御的目的，是在尽可能长的时间内，保护国家部分领土不受敌人威胁。一切防御战争的目的，在于制造各种困难，以阻止敌人前进，同时使自己的军队免遭损失。任何敢于进攻的一方，总是基于某种优势发起进攻，总是竭力速战速决，相反，防御的一方，则应该尽量拖延战争结束的时间，以耗尽敌人的精力和资源。

一支军队只有遭到失败，或敌人占据绝对性优势时，才可实行消极防御。消极防御的军队，可以利用地形，凭借天然的和人工的障碍，尽力扭转劣势，加强一切力量。消极防御，在某种情况下，也会有利，前提是指挥官一定要头脑清晰，权衡利弊，除非迫不得已，否则绝不轻易在固定的点上不动，静待敌人的袭击。反之，他应该灵活作战，争取主动权，利用一切机会抓住并打击敌人的弱点。

我一直认为积极防御[1]作战，总是有利的。采取这种行动，可以利用攻防两种优势，因为在准备充分的决定点上，既能争取主动，又能抓住有利时机进行突击。七年战争中，腓特烈大帝在最初的三次战争中采取的侵略行动，而在之后的四次战争中，则造就了攻势防御的典范。这部分归功于敌人给了他充分的自由，使他得以顺利夺取主动权。

威灵顿[2]在葡萄牙、西班牙、比利时也曾采取过这种方式。他所采用的作战方法，于他当时所处的环境而言，是最明智的选择。

说到底，一个将领最突出的才智，就是善于攻防转换，尤其是善于在防御交战最激烈时重新掌握主动权。

---

〔1〕称它为攻势防御似乎更确切——作者注。
〔2〕威灵顿（1769—1852），大英帝国陆军元帅，第21位英国首相，曾在打败拿破仑的滑铁卢战役中分享胜利——编者注。

战区

一个战争区包括两个国家交战的所有地区，这些地区可以是它们的领土，也可能是它们盟国的领土，或者是因为某种利益而卷入战争旋涡的某国领土。如果战争还包括了海上作战，那么战争区就不仅限于国家范围，甚至可能涉及两个半球，例如，路易十四时期开始的英法战争，就是如此。

战争区的位置很不固定，极容易受偶然情况的影响，所以不要把战争区和战区混淆了，战区是不受复杂情况影响的、每个军团占领的范围。如法奥两国之间的陆战，战争区只包括意大利，如果德意志诸邦参战，那么战争区就要加上德意志。

几个军团协同作战时，整个战区就是相当于一个棋盘，指挥官应该运用战略调动棋子（军队）达到既定目标。当每个军团独立作战时，各个军团都有独立的战区。军团的战区，包括该军团要夺取和防守的全部地区。如果是几个军团协同作战，每个军团的战区都是总战争区的一个部分，该战争区内所有军队都是为了一个共同目标而行动。

每个战区，不论地形条件如何，都应该包括以下部分。

1. 一个固定的作战基地。
2. 一个主要的作战目标。
3. 作战正面、战略正面、防线。
4. 临时战略线和交通线。
5. 各种天然和人工障碍。

6. 战略要点。

7. 作战目标和主要基地之间的临时基地和中间基地。

8. 行动失利时的掩蔽所。

举例说明，假设法国决定派一个总指挥率领2～3个军团，入侵奥地利，各军团分别从美因茨、上莱茵、萨瓦出发。这些军团中，任何军团所通过的国家都将成为战争区的一个战区。在此情况下，每个战区都应该建立基地；确定行动目标和作战地区，以确定进攻时从基地到目标之间的作战线，防御时从作战目标到基地之间的防线。

已经有不少专著探讨战区各方向上的地形点在战术和战略上的特性。道路、江河、山脉、城市、森林，以及要塞，都是研究者讨论的对象，但多数人的意见也不见得有多么高明。有人给这些名称附加一些莫名其妙的含义，什么江河就是最优良的作战线，对于这样的作战线只要准备两条以上的道路，供军队在作战地区内运动，甚至还主张江河可作为退却线和机动线！在我看来，这种说法唯一可取之处是，江河可以作为良好的补给线，它是建立作战线的有力工具。

同样令我惊奇的还有，有人甚至认为，如果要把一个国家建立成一个良好的战争区，国土上的道路就不能交会，因为交会的道路便于敌人入侵。似乎，一个国家不应该有首都，也不应该有工商业城市，这些集中全国利益的首都和城市，都不应该成为道路交会点。照这个想法，应该把日耳曼变成一片沙漠。难道他们忘了，卡尔大公击败儒尔当[1]不正是借助了道路交会吗？事

---

[1] 儒尔当，法国指挥官，拿破仑的帝国元帅之一——编者注。

实上，道路交会不是应该对防御更有力吗？如果两支部队分别沿着交会于一点的道路退却，他们一定能先于追击的敌人会合在一起，甚至可以集中兵力将追击之敌各个击破。

有人认为，崇山峻岭就像长城一样不可逾越，而拿破仑在谈论雷蒂凯山时说："只要人可以涉足的地方，军队就可以通过。"山地战经验不比拿破仑少的将领，都一致赞同他的观点，他们认为，山地防御战非常艰难，除非能得到当地民兵的配合。这时，民兵可以警戒山顶，袭扰敌人，而正规军则可在山谷交汇处与敌人交战。

我在这些观念上费这么多笔墨，并不是想吹毛求疵，唯一的目的是为了向读者说明，战争的艺术还未到尽善尽美的地步，值得探讨的问题还有很多。

对于一些最主要障碍的战略价值，我将在其他各节中分别评述。总之，这种战略价值在很大程度上取决于统帅的机智和能力。拿破仑从不相信，圣贝尔纳山脉无法跨越，他也没有料到，不起眼的河和围墙居然令他在滑铁卢吃尽苦头。

作战基地

作战计划首要的一点，就是要有一个可靠的基地。作战基地，是一个国家全部领土和部分领土；军队可以从这里获得战争所需的物质器材和增援部队；军队采取进攻时，可以此为起点，也可以此为依托防守本国国土。

如果一国的边界是一条天然或人工的障碍，它就可作为一个良好的进攻基地,在面临敌人入侵时,它也可作为一条防线使用。当它作为防线时,还应该在其后方建立一个良好的基地,因为尽管军队可得到本国的支援,但是并不是所有地区都有军事要点、军事器材、武器库、要塞、仓库等,而在其他地方却可找到这些资源,具备这些资源的地方才可建立稳固的基地。

任何一支军队都有可能拥有逐次分布的基地。例如,法军如果在普鲁士境内作战,它的第一基地应该是莱茵河;第二基地则是莱茵河后方有盟军的地方,或者是具有极大优势的地方,当法军退至莱茵河左岸时,它还能在马斯河或摩泽尔河找到新的基地;法军的第三基地可能位于卢瓦尔河附近。

我的意思是,基地并不一定要相互平行。例如,法军退过莱茵河后,可能在贝尔福和贝桑松、梅济埃尔、色当地区找到新的基地,而俄军撤出莫斯科后,就等于放弃了北面和东面的基地,或是沿奥卡河建立基地,或是在南部诸省建立新基地。这些侧面基地常常起决定作用,可阻止敌人深入国家内部,再不济也可以迟滞敌人的行动。如果一个基地依托一条湍急的大河,那么就可凭借越河工事控制河的两岸,这个基地无疑是一个理想的基地。

基地的正面越宽,掩护基地的任务越难达成;基地正面越宽,军队与基地的联系也越不易被切断。

如果一个国家的首都离国界过近,那么在防御性战争中,如果以它为基地作战时,与那些首都远离边界的国家相比,并没有多少胜算。

一个完善的基地,需要具备两三个面积足够大的要塞供建立兵站和仓库等用。基地中,每条不能徒涉的江河,至少要建立一个桥头阵地。

现在,人们一致同意我对于基地特性的评价,但在其他方面,我们也还存在着一些分歧。例如,有人认为一个完善的基地,必须与敌人的基地平行的。可我认为,与敌人基地垂直才是最佳的,必要时,我们可以把这种基地当作双重基地使用,可以控制战区,也可以保证两条相距很远的退却线。

大约30年前,我曾在我的《论大规模军事行动》中指出,边界的方向影响作战线的方向和基地的方向。我这样说:

战争区的外形对作战线方向的影响极大,因而对作战基地也有极大影响。

事实上,如果一个战争区呈四方形,那么就可能出现这种情况,战争开始时,我方占领其中的一边或者两边,敌方则只占领一边,而最后一条边则是不可克服的障碍。对于这种战争区,可以根据不同的计谋,实施占领行动。

我用示意图(一)来说明法军1758—1762年在威斯特巴伐利亚的战争区,以及拿破仑1806年的战争区。

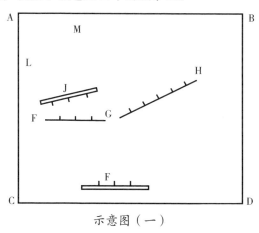

示意图(一)

在法军1758—1762年在威斯特巴伐利亚的战争区中，AB是代表北海；BD代表威悉河一线，即费迪南德公爵的基地；CD是美因河一线，为法军的基地；AC是莱茵河一线，由路易十四的军队防守。

此时法军采取攻势，占据CD、AC两条线，还可以利用AB第三边的优势。它可以实施机动，攻占BD，控制敌人的基地和全部交通线。

法军E为了攻占作战正面FGH，从基地CD出发，切断敌军J与其基地BD之间的联系。J被被迫退向莱茵河、埃姆斯河和北海海岸构成的LAM角，而E与美因河和莱茵河上的基地一直保持着联系。

拿破仑在1806年的萨勒河上的进攻，与上文说阐述的设想差不多。拿破仑在耶拿和瑙姆堡占领了FGH一线，之后他越过哈雷和德绍，逼得普鲁士军队J退往AB。其最后结果就是，法军大胜。

正确选择作战线的诀窍就在于，像上文所说的那样协调行动，在保证自己交通线安全的情况下攻占敌人交通线。这也是拿破仑在马伦戈、乌尔姆和耶拿进行机动的原因。

当作战区与一个中立大国毗连时，该国定会在自己国界设防，封锁住这个四方形的一边。虽然这种障碍并非不能逾越，但是，战败的军队向边界退却所带来的危害则是巨大的，基于这个原因，可以把战败的敌人往这里驱赶。如果一支战败的军队想要进入这个国家，它与基地的联系就很有可能被这个国家的军队切断。如果与之为界的是一个小国，它就很有可能被并入这个作战区，四方形的一边就可能推向一个大国的国界，甚至推至海岸。

边境的优势偶尔也会改变四边形的形状，如示意图（二）所示，有时会变成一个长方形，有时也可能变成梯形。以上这两种情况，对于控制两条边的一方是有利的，因为它可以建议双重基地。1806年，普鲁士军队在BDJ的情况就是这样。这个长方形就是由莱茵河、奥得河、北海和弗兰肯山地组成的。

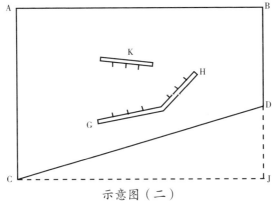

示意图（二）

  1813年，在波希米亚的情况也是一样。这些事例都很清楚地证明我的意见是正确的。正因为盟军基地方向和法军基地互相垂直，盟军才得以压倒拿破仑在易北河之战所取得的巨大优势。俄军在1812年的情况也是如此。当时，由于俄军在奥卡河和卡卢加的基地与敌人基地互相垂直，所以，它能向维亚济马和克拉斯诺耶的敌军侧面进军。

  利用这条真理的重点在于，必须清楚意识到，如果我方基地与敌人基地互相垂直，那么我方的作战正面就可与敌人的作战线平行，因而能攻击敌人的交通线和退却线。

  我已经用事例和示意图证明了，相互垂直的基地是很有利的，因为它能提供双重作战线。虽然有人反对，他们认为向敌方凸出的边界进攻不一定有利，平分兵力并不适合双重作战。

  这种反对意见没有什么根据，因为垂直基地的最大优点在于，形成一个可以从翼侧和后方取得部分战区的凸出地带。而且，占有了两条边上的基地并不要求同时用重兵扼守，相反，只需要在其中一边上设立一些工事，派少量部队予以监视，将主力集中在另一边上即可。1800年和1806年的战争就是这样向我们证明的。莱茵河在康斯坦茨湖至巴勒和巴勒至克尔，几乎形成了一个直角，莫罗[1]就因此拥有了两个作战基地，一个与敌人基地平行，一个与敌人基地垂直。他在第一条线上，保留两个师以吸引敌人注意力，自己则率领九个师通过一系列运动到达奥格斯堡城下。最后，这两个师也与他成功会合。

1806年，拿破仑在一个近似凹入直角的位置上，拥有双重基地。他在莱茵河上留下莫蒂埃[2]，亲率大军抵达垂直边的端点，切断普鲁士军队的退路。

大量的事例说明，有两条边的基地是最有利的，如果没有这种基地，就需要改变战略正面，这一点我将在下文详细介绍。

另外，我还要谈谈海岸作战基地的方向问题，因为有很多人在这个问题上栽跟头。这种基地对一方越有利，另一方的处境就越危险。对于一个大陆国家的军队而言，一旦它被赶到海岸，危险将是致命的，而对于岛国军队而言，海岸基地的利益则是巨大的。实际上，威灵顿率舰队援助葡萄牙和西班牙时，他的最佳选择就是以里斯本为基地，更准确地说，是托雷斯—维德拉斯半岛，这是可以掩护靠向大陆一边的唯一通道。这里的塔霍河岸和海岸不仅可以掩护大军的两翼，还可以保障舰队的退却线。

我见过很多有学识的将军，他们只看结果，不问过程和原因，所以，当他们看到托雷斯—维德拉斯半岛为威灵顿提供的便

---

〔1〕让·维克多·马里·莫罗（1763—1813）法国大革命战争的主要将领，因为坚持共和而被拿破仑放逐到美国，后重返战场，制定击败拿破仑的战术，但他没看见拿破仑退位就在德累斯顿战死——编者注。

〔2〕法国将军。参加过法国大革命。1799年晋升将军。1803年占领汉诺威，被拿破仑封为18元帅之一——编者注。

利以后,便认为除了海岸线基地外别无任何更好的基地,甚至对那些保护给养输送、保护翼侧的掩护所大加非议。普夫尔将军就是其中的代表,他甚至在1812年主张,俄军的天然基地在里加。

卡利昂·尼扎上校甚至写文章说,拿破仑在1813年应该将一半部队放在波希米亚,将其他部队投入汉堡!还有比这个更荒谬的吗?他难道不记得了,对于一个大陆国家的军队而言,选择基地的第一要领是什么了吗?难道他忘了,一旦出错,背海作战就将陷入孤立,被切断退路?

在大陆作战时,应该作如下思考:建立基地的各点,应该能获得一切物资支援,而且又有可靠的掩蔽所。

在海上和陆上同样强大的大国,当其舰队足以控制临近作战区时,才可以用海岸作为少量军队的作战基地,以保证拥有良好的掩蔽所和源源不断的补给。但是,当一支大军,面对一支数量相同、纪律严明、训练有素的敌军时,以海岸为基地就是完全不明智的。

总会有偶然的意外情况发生,有时候我们不遵循上述原则背海作战,也可能会成功。这种情况是:敌人陆上形成的危害不大;拥有绝对制海权;海上补给比从国家腹地补给更便利。同时具备上面三个条件的情况很少,但也不是没有,1828年和1829年的土耳其战争,就出现了这种情况。俄军的全部注意力在瓦尔纳和布尔加斯,仅仅是监视舒姆拉。用这种方法来与欧洲军队作战,是万万行不通的,哪怕是控制着海洋,也是在疯狂地冒险。

尽管总有一些自命不凡的人对这次战争指手画脚,虽然这次战争有些失误,但也无损这次战争的成功。俄国人尽最大努力掩护军队,在占领了布拉伊洛夫、瓦尔纳和锡利斯特拉后,就在锡济波利建立了补给站,之后迅速向安德里诺波尔挺进。有许多人都认为这是在冒险。但是,要知道,如果不是远征距离太远,天气不佳,俄国人可能早就结束战争了。

还有一种临时性的、偶然性的基地。永久性基地一般是在本国境内的,或者至少是在可靠的盟国境内。临时基地,则是基于敌国境内作战的情况而建立的,这种基地是一种暂时性的依托点。

战略点和战略线

我先介绍战略点的分类。因所处地理位置对战区而有不同价值,这些点叫作永久性地理战略点。因敌军主力的配置和我军想对其采取的行动而有不同价值,这些点叫作机动战略点,有偶然性质。有些战略点和战略线只有次等价值,有些战略点和战略线具有永久性的大价值,这种战略点叫作战略决定点。接下来,我将尽力说明这些关系。

交通中心、军事设置和军事城市,都是地区性或地理性的战略点,它们在战争区中都有重要价值。一位著名的将军反对我的这个观点,他称,并不是所有符合上述条件的点都可称为战略点,战略点必须利于正在计划中的作战。我的看法截然不同,因为战略点的形成是以它本身的性质为基础的,有些战略点一开始与作战毫无关系,但是一旦战局变化,它就显现出重要性。所以,鉴于这位将军的观点,我认为,我可以更加精确地提出:并非所有的战略点都是决定点。

战略线分两种,一种是由地理位置决定的,一种是由临时机动决定的。由地理位置决定的战略线又可分成两种:具有永久重要性的地理线；连接两个战略点而有战略价值的地理线。

决定点和作战目标之间有密切的联系，凡是作战目标都应该是作战区的决定点之一。然而，二者又有明显的区别，不是所有的决定点都能成为作战目标。准确定义决定点，将有助于我们选择作战目标。

凡是明显影响整个战局或者一次战役的点，都可被看作战略决定点。凡是因地理位置或人工工事，对作战正面或防线有利的各点，都包括其中。位置重要的大型要塞和屯兵基地则是最重要的战略决定点。

战争区的决定点有很多种类，其中最重要的是地理上的点或线，它们具有重大价值。以法军在比利时的战争区为例，在当时，有能力控制马斯河一线的一方，就将拥有巨大优势，因为可以将敌人封锁在马斯河和北海之间，致使敌人不敢冒被歼灭的风险在与海岸平行的正面交战。多瑙河一线也有许多要点，所以多瑙河成为夺取南德意志的必争之地。

控制河流汇合者，控制主要交通枢纽者，也都是地理上的绝对点，如里昂，它控制着罗讷河和索恩河，又是法国与意大利之间的交通中心，还是法国南部和东部之间的交通中心。但是，如果要成为一个战略决定点，还需要建立要塞或营垒等工事。

莱比锡无疑是一个战略点，它是德意志北部唯一的交通中心。如果有一条河流能穿莱比锡而过，并且设防坚固，莱比锡将成为德意志的锁钥（超越了决定点）。

如果一个国家的首都是国家的交通中心，它也将成为战略决定点，不但因为交通原因，而且由于其经济和政治地位。

此外，山地国家的隘路，也可能成为在该地作战的决定点。

还记得吗？1800年，巴尔德隘路的作用是多么巨大。

　　由机动而偶然产生的点的价值是相对的，它受双方军队的制约。例如，1805年，马克在乌尔姆集中兵力，等待来自摩拉维亚的俄军，这时的决定点就是多瑙福特或下莱希河，如果拿破仑率军率先到达，他既可以切断马克退往奥地利的退路，也能切断马克和其援军之间的联系。再如1800年帕尔·克赖在乌尔姆作战时，他的援军不再是来自波希米亚，而是来自蒂罗尔的军队，所以克赖的敌人需要进攻的决定点是沙夫豪森，攻下沙夫豪森就可逼近他作战正面的后方，切断他的退路和他与基地的联系。当年，拿破仑的第一个目标就是越过圣贝尔纳，冲向梅拉斯的右翼，攻占其交通线。显然，圣贝尔纳、伊夫雷、皮亚琴之所以成为决定点，正是因为梅拉斯向尼斯运动。

　　从这里我再引出一条原则，即机动性的决定点是在敌人翼侧，从这里可以轻易地切断敌人与其基地和援军之间的联系，避免自己遇到同样的危险。对着海岸的翼侧通常是有利的，因为这样可以把敌人赶下海，这仅存在于作战对象是一个劣势的岛国陆军的情况下，如果对手与我方实力相当，那么被赶下海的就可能是我们自己了，这时我们可以冒险切断敌人与其舰队的联系。

　　如果敌人兵力分散，作战正面过宽，那么决定点就是敌军的中央，如果我们从敌军中央突破，可致使敌人更加分散，进一步削弱敌人，最后各个击破，全歼敌人。

　　战场上的决定点由以下几个条件决定：

1. 地形。
2. 我军的战略目标与确定地点结合的情况。
3. 双方军队的部署。

作战目标

作战目标分为：机动目标和地理目标。地理目标可能是重要的要塞、大河，以及能为之后的行动提供可靠防线或依托点的作战正面。既然对地理目标的选择属于军队机动范畴，那么我们可以更确切地说，有的地理目标只跟地区有关，有的地理目标则是与占领该地区的敌军兵力有关。

在战略上，战局的目的决定作战目标。如果这个目的是进攻，则作战目标就是敌国首都或者重要的军事地区，失去了这些地方，敌人就可能被迫求和。在入侵战争中，侵略者往往是为了夺取对方首都。事实上，首都的地理位置，交战双方与各自邻国的关系，交战各方所拥有的资源（可能的话，还包括盟国的资源），这些与战争科学并无多少实质性关系，但是却与作战计划有着密切的联系，足以影响是否能占领敌国首都。

若不以占领敌国首都为目的，则作战目标可能是某一部分作战正面，或某一部分防线，占领这部分作战正面或防线，就可确保军队控制所占领的地区。例如，法奥战争中，法国的第一个作战目标是提契诺河和波河一线，之后则是以曼图亚和埃奇河一线为目标。

防御作战与攻势作战不同，它的作战目标是所要掩护的点。首都身为国家实力中心，理所应当为主要的防守目标。此外，还有一些据敌人更近的防守目标，如第一道防线和第一作战基地。如果法军凭借莱茵河进行防御，那么它的第一个作战目标就是保卫莱茵河，严防敌人渡河。如果盟军成功渡河并包围阿尔萨斯地区，法军的第一作战目标就是夺回该地区，之后第二作战目标则是，掩护法国设在马斯河或摩泽尔河上的作战基地。

至于机动目标，即需要消灭或瓦解的敌军目标，它的重要性我已经在阐述决定点那一部分内容时提到过。从某种意义上看，一位统帅的才能，一次战役胜利的前提，都在于对机动目标的选择。众人皆知，拿破仑之所以超越众多将领就在于此。他抛弃了那些陈词滥调，不满足于一两个要塞、一个小边境省份，他着眼于大场面，深知取得伟大胜利的方法就是分割和消灭敌人的军队。拿破仑认为，只要失去了军队，敌人自然会陷落。拿破仑的一些战绩告诉我们他是这样打仗的，迅速准确地判断作战区内各个区域的利弊，并将主力集中在最有利的战区；清楚掌握敌人兵力的配置，如果敌人兵力分散，就闪击敌军中心，如果敌人翼侧薄弱，就向敌军翼侧突击，切断其交通线；敌人退却，就坚决追击，迫使其四处逃散，最后逐个击破。

虽然，当拿破仑在辽阔俄国土地上作战时，他的这种机动方法，并未取得成功，但是我们应该承认，尽管这种方法不一定适用于所有国家和任何情况，然而利用它获胜的概率仍然很大，这种可能性是根据实际情况运用战争原理为基础的。即使在俄国的战争失败了，但也无法掩盖这种方法的优越，不过前提是，根据实际情况来制定有限的目的，这个情况包括交战双方以及各自邻国在内的各方面。

战争目的、战争性质、政府的企图、双方各自的实力，往往决定了作战目标。绝大多数情况下，大家都不想冒险，因此，作战目标往往是获得某些局部利益，例如，只攻占少量的城市，肃清边境小省份内的敌人。否则，就是像拿破仑一样，将作战目标定为消灭敌军。如果一支军队的作战目标是围攻安特卫普，那就根本不需要像在乌尔姆和耶拿作战时采取的那种机动方法，同样也完全不用采用法军越过涅曼河远离本国国境的那种机动方法，因为这种冒险得不偿失、有害无益。

有一种特种作战目标，我不得不提到。这种目标虽然是一种军事目标，但其决定因素多为政治上的考虑，而非战略上的。尤其是在几个国家联合作战时，这种目标的作用很大，对军事行动和政府部门都能造成极大的影响。因而，我们可以将这种作战目标看作是政治性的作战目标。

政治和战争之间本身就具有深刻的联系，所有的战争几乎都是为了达到某种政治目的，这是我们需要重视的，虽然它也是不合理的。从战略范畴看，进行战争往往会导致错误。例如，基于海权和贸易的目的，约克公爵[1]于1793年远征敦刻尔克的行动失败了，从军事观点看，这次远征的作战目标是错误的。同样还是类似的目的，约克公爵于1799年远征荷兰，这是一次注定失败的远征，因为它与英俄联盟军队所决定的共同利益相冲突。

这些事例表明，至少是在军队尚未用武力解决战争的最主要问题之前，政治性作战目标应服从战略的要求。这个问题太复杂了，我甚至只能归纳出这一条规则来。为了贯彻这条规则，战局中选定的政治性作战目标必须与战略原理一致，否则就需要在获取决定性胜利后谋求政治性作战目标的达成。根据

---

〔1〕即弗雷德里克亲王（1763—1827），他是乔治三世国王的第二个儿子，担任英国军队总司令多年——编者注。

这条原理，我们可以得出，约克公爵在1793年和1799年的远征中，应该选择康布雷或法国的中心为政治性作战目标。他应该把联盟的军队集中起来，统一布置在边境的决定点上，以便实施突击。至于此类远征所涉及的牵制进攻问题，我将在后文中加以阐述。

作战正面、战略正面、防线、战略阵地

在军事科学中，有些名词的含义很相似，以至于人们总是将它们混为一谈，即使它们具有本质的区别。

这些名词包括：作战正面、战略正面、防线、战略阵地。接下来，我要用一定的篇幅说明这些名词之间的联系和区别。

一、作战正面和战略正面

军队在它应包围的作战区内，不论是为了进攻还是防御，始终是需要占领战略阵地的。战略阵地所包围的、面对着敌人的正面，就被称为战略正面。在作战区内有一部分地区，敌人从该地区经一两日的行军就可到达战略正面，这一部分地区成为作战正面。

这两个名词太相似了，以至于总有军事家将它们混淆着使用。仔细思考一下，战略正面其实就是军队实际占领的阵地，作战正面就是两军之间的地区，即两军交战的地带。我想这样讲，应该更加容易理解。

如果有人指责我过于迷信术语的奥妙，我也甘之如饴，因为实际使用中人们往往用错，一会儿用这个词，一会儿又用那个

词，甚至用这两个术语来表示同一个含义。我明确地区分了这两个词，而且我也会在今后的实践中继续坚持。

战争伊始，两军肯定是一方进攻，一方准备迎击进攻。于是，防守方需要一条准备充分的防线，这条防线可以与战略正面在同一条线上，也可以位于战略正面之后。因而，战略正面也可能是防线。1795年和1796年，莱茵河就是这样的身份，莱茵河一线既身为奥军和法军的防线，又是战略正面和作战正面。这三个概念可能使人混淆，因为它们所表示的东西在同一位置。事实上，不是每支军队都有防线，特别一支深入别国作战的军队，当它在一个要塞集结时，它虽然有作战正面，但它没有战略正面。

1813年末，当拿破仑重启对敌行动时，他的作战正面从汉堡延伸至维滕堡，从这里他沿着盟军战线，行进至格洛高和布雷斯劳，之后他的战线在波希米亚边界上一直退至德累斯顿，在这个宽大正面上，他将自己的军队分成四部分布置，战略阵地呈现出三个不同的面。后来拿破仑被迫退过易北河，他的防线就是维滕堡和德累斯顿之间、以一个钩形推移至马林堡。

再往前推，我们来看看1796年拿破仑在曼图亚周围的阵地。他的作战正面从贝加莫山一直到亚得里亚海，而他的防线是加尔达湖和莱尼亚诺之间的阿迪河一线。之后，他将防线设在佩斯杰拉和曼图亚之间的明乔河一线，而战略正面也根据阵地的变化而发生改变。

我不想再多说了。我已经阐明了三个概念的差异，接下来我就为读者归纳出几条能准确反映各个概念不同特点的原则。

作战正面，即两军战略正面之间的地理区域，该区域也是它们可能交战的地区，作战正面通常与作战基地平行。战略正面比作战正面小。战略正面要横穿主要作战区，两翼尽量延伸，以便掩护主要作战线。

　　指挥官可根据实际情况（包括敌人的进攻情况）改变战略正面的方向，战略正面往往与基地垂直，与作战线平行。战略正面的改变，凭借军队机动实现，它是一次很重要的机动，因为与基地垂直，军队可控制战区上的两个面，从而处于有利地位，保证基地安全。拿破仑在艾劳的经历，就是一个很好的例子。他的基地是华沙和托伦，而维斯瓦河则是他的临时基地，维斯瓦河恰好与纳雷夫河平行。拿破仑依托塞洛茨克、普乌图斯克和奥斯特罗文卡，以右翼进行机动，迫使俄军向埃尔宾和波罗的海退却。这种机动，必须在需要时能重新回到临时基地，也就是说，基地应该位于战略正面之后，并且得到保护。拿破仑在纳雷夫河一线，经奥尔兹丁向艾劳推进时，左翼有托伦可用，当他将战略正面向前推进时，左翼还有普拉加和华沙为基地。这样他的交通线就有了充分的保障，而他的敌人只能被迫退往维斯瓦河口，与基地的联系也被切断。1806年，拿破仑从格拉向耶拿和瑙姆堡前进时，巧妙地变换了战略正面。1800年，莫罗以右翼从伊勒河向奥格斯堡和迪伦根推进时，战略正面转向多瑙河和法国后，迫使克赖从乌尔姆撤出。

　　是否改变战略正面的方向，使其与基地垂直取决于其目的。为了某一战役而迅速调转军队的行军方向，所耗费时间较少；如果为了利用某些地区提供有利地形便于突击，或为了拥有一条防线和一些与基地价值相当的枢纽，那么所耗费的时间可能无法估量。

　　由于某战区的地形和其他特点，或是攻击作战线延伸需要保证翼侧的安全，有时军队常常需要两个战略正面。前一种情况，可以土耳其和西班牙的边境为例。想越过巴尔干山脉或埃布罗河的军队，可能需要两个战略正面：第一个，用于在多瑙河一线保障军队；第二个，用于对付来自萨拉戈萨或莱昂的敌军。

在一个幅员稍大的国家内作战，至少需要两个战略正面。当法军在多瑙河河谷地作战时，在波希米亚和蒂罗尔都需要一个战略正面，特别是奥军在这些地区投入大量兵力时。除非一个国家与敌国接壤的边界很窄，因为大军撤退时，留在两个战略正面威胁敌人的部队很容易被分割。两个战略正面，对进攻军队来说很不便，因为它要求分散兵力，这往往会造成危险。

我上面所述及的内容，都是指国家间的正规战争而言，而在民族性战争或国内战争中，是不太可能采用上述方法区分战略正面的，因为这种战争发生时，敌对活动遍布全国。在国内战争中，一部分强大兵力脱离主力作战时，它就需要独特的战略正面，这种战略正面也是根据地理环境和敌人配置情况所决定的。例如，西班牙战争中，叙舍在加泰罗尼亚，马塞纳[1]在葡萄牙都有战略正面，大军的其他部分，都没有固定的战略正面。

二、防线

防线通常有多种，一般分为战略防线和战术防线。战略防线分为：永久性防线，即国家防御体系组成部分，如边境筑垒线等；临时性防线，它只与暂时占领的位置有关。

凡是具有一定宽度的河流，任何山脉，任何隘路，只要它附近有野战工事，它就可以作为战略性和战术性防线使用。原因是，它可以延长敌人的前进时间，或者迫使敌人寻找其他阻碍较少的通道。这些地理优势可以造成明显的战略优势。如果敌人从

---

[1] 马塞纳，拿破仑时期的法国元帅——编者注。

正面进攻，企图夺取它们，它们就显示出战术上的优势，因为进攻一支凭借天然和人工工事固守的军队，要比进攻一支暴露在平原的军队困难得多。

虽然这些天然和人工工事具有优势，但也不应该过于高估其战术利益，否则就会吃大亏。不管地势如何险要，工事如何强固，凡是在工事内消极地等待敌人进攻，最后一定会被敌人击败。而且，如果敌人用少量兵力封锁工事各个出口，就可将工事内兵力封锁，使其无法行动。皮尔纳和曼图亚的战役就有这种情况发生。

三、战略阵地

战略阵地就是一支军队在一定时间内占领的阵地，占领该阵地的目的则是要选择一个范围更大的作战正面。一支军队各部分间隔一定距离防守的、位于江河后边或在防线上的区域，都属于战略阵地。我举具体的事例来说明：拿破仑军队在里沃利、维罗纳、莱尼亚诺为警戒阿迪杰河而设定的阵地；1813年拿破仑在萨克森和西里西亚设立的位于防线前方的阵地；1814年英普军队在比利时边境上设立的阵地；1799年马塞纳军队沿里马塔和阿勒所设立的阵地。甚至有些占地面积不大，位于敌人视野范围内的冬营，也属于战略阵地，如拿破仑在1807年冬季于帕萨格河一线所设立的冬营，就属于这种战略阵地。军队在敌人无法触及的地方行军时，每天所占领的阵地，为改变运动或便于运动而延伸的阵地，也都属于战略阵地。

可见，战略阵地的含义，同样适用于军队为掩护战略点或为构成一条监视线而设立的阵地，它也适用于一切待机阵地。另外，沿防线延伸的阵地，各军布置在双重作战正面的军队，或部分部队从另一方向行动而需要掩护围攻时所设立的阵地，各大支队的阵地，都属于战略阵地范畴。

关于这几个术语所能归纳的准则不多，因为战略正面、作战正面、防线、战略阵地，都要根据实际情况而定，而这些情况又很复杂。无论如何，第一条公认的准则是，它们都必须与作战线上的战略点保持可靠的交通联系。

防御时，战略正面和防线的正面和两翼，都必须有天然或人工的障碍作为依托。战略正面上的依托点，可称之为作战枢纽。它是局部性的临时基地。1796年，拿破仑在曼图亚周围所采取的行动中，维罗纳就是他的作战枢纽。德累斯顿则是拿破仑在1813年的作战枢纽。作战枢纽是局部的、暂时的基地、要塞。

机动枢纽与作战枢纽不同，它是一支留在一个需要占领的点上的快速部队，其使命为保障主力作战任务。当拿破仑通过多瑙佛特和奥格斯堡切断马克退向奥地利的退路时，内伊所率部队就是机动枢纽。这支部队有5个师，承担保卫乌尔姆、防守多瑙河左岸的任务。机动结束，机动枢纽也就不复存在了。作战枢纽则是一个实实在在的点，它在战术和战略方面都有重要意义，也可看作整个战局中的依托点。

我的看法是，最理想的防线是越短越好，防线越短，迫于防守的军队越容易进行防守。一个战略正面的范围不宜过广，这样可使军队迅速在有利的点上集中。作战正面则不宜过窄，如果过窄，军队就不方便实施战略机动，无法取得大胜利。凡事都有度，作战正面过宽，就会给敌人提供宽阔的空间以躲过战略机动所带来的危险。例如，拿破仑在马伦戈、乌尔姆、耶拿都赢得胜利，但是当他在俄国辽阔的战争区作战时，结果就不一样了。俄军虽然被切断了主要退路，但是在丢掉原先作战区后总能找到新的作战区继续战斗。

战略阵地的主要条件为：比敌人阵地更集中；部队可迅速在安全的道路上集中，使敌人无从妨碍自己的集中。当双方兵力接近时，外线阵地不如一切中央阵地或内线阵地有利，因为外线阵地正面较宽，往往会使兵力分散。在中央阵地或内线阵地的部队，更安全、更具优势，因为它可以逐次将兵力集中在任何一点上。一支军队如果没有一两个战术阵地，就不可能可靠地占领战略阵地。占领战术阵地，是为了在它上面集结军队，以迎击敌人，全力与暴露的敌人决战。拿破仑在里沃利和奥斯特利茨，威灵顿在滑铁卢，卡尔大公在瓦格拉姆，无一不是这样布置作战的。

指挥官应该密切关注营地的选择，不管是军队的营地，还是在阵地附近寻找一处安置部分兵力的营舍时，一定要严格控制阵地正面的宽度。在我看来，最好是将军队布置在一个三面几乎相等的面积上，这样每支部队可运行相同的距离，运行到预定的中心，迎击突击的敌人。

战略阵地和战争的其他问题都有或多或少的关系，关于战略阵地的问题，本书多处会有所提及，为避免重复，我就在此打住了。

另外，在结束本节内容之前，我想再就防线问题做一点补充。任何战略防线都必须有一个集中点，当敌人越过战略阵地正面时，可在集中点上展开战术防御。例如，当一支军队防守一条有一定长度的河流时，无法在全线布置兵力，就需要在防线中央的后方选择一个战场，用于监视和集中全力抵抗渡河敌人。关于战术范畴内的战斗阵地，我将在后面谈到。

当一支军队进入他国时，不论其目的为何，是为了长期征服也好，短期占领也罢，也不论刚开始的战果如何巨大，必须准备一条防线，以备局势逆转时使用。这种防线与暂时基地有密切联系。

作战地区和作战线

作战地区是一支军队在战争区作战时，为达到一定目的而必须通过的一部分地区。举例说明，1796年的法军作战计划中，意大利是其右翼军团的作战地区，巴伐利亚是其中央军团（莱茵—摩泽尔军团）的作战地区，弗兰肯为其右翼兵团（桑布尔河—马斯河军团）的作战地区。

通常一个作战区内可存在数条作战线，有时受地形或道路的影响，一个作战区只能为该地区的军队提供一条作战线，这种情况很少见。作战线的数量由统帅的计划和可用的交通干线的数量决定。

切不可简单地认为，一条道路就是一条作战线。道路只是供侦察支队使用的，位于主要作战地带以外的方向上，将它与作战线混为一谈大错特错。若有三条彼此相距一两日行程的道路，都通向一个作战正面，这些道路不能构成三四条不同的作战线。我要强调，作战线必须是一个空间，它能使一支军队的中央和两翼都能在空间内移动，而且每翼可移动距离为一两日行程，所以，它必须有三四条通向作战正面的道路。

可见，人们经常把作战线和作战地区混为一谈，并且经常混用，甚至把作战线、战略线、临时交通线也混为一谈。我认为，作战地区，应用于表示整个战争的大部分地区时；作战线应用于表示军队在作战地区内沿数条或一条路线进行作战任务的那部分地区时；战略线则应用于表示连接战争区各决定点之间，以及连接各决定点与军队作战正面之间的重要线路时。基于同样的理由，一支军队为了到达一决定点，为了实施一次机动，而脱离主要作战线所使用的线路，也可称为战略线。

1813年，奥地利加入反法同盟之后，三支联军分别侵入萨克森、巴伐利亚、意大利，而位于德累斯顿、马格德堡、布雷斯劳之间的萨克森，就成了主力部队的作战地区。在这个作战地区内，一共有三条作战线通向莱比锡。第一条作战线，就是波希米亚军团的作战线，它从埃尔茨山脉经德累斯顿和克姆尼茨到达莱比锡。第二条作战线，即西里西亚军团的作战线，它从布雷斯劳经德累斯顿到达莱比锡。第三条作战线，是瑞典亲王军团的作战线，从柏林经德绍到达莱比锡。这三个军团各沿两三条相互平行、彼此相距不远的道路行进，但我们不能说每个军团都有两三条作战线。

我所举的事例已经说得很明白，作战线不是战争区内的各条道路，而是统帅计划中所包括的全军在战争区内所经过的区域。主要作战线是指，军队主力经过的区域，在这一区域内需要建立兵站、梯次弹药库、给养库，必要时它还可做退却之用。

我再来谈谈这些具体"线"的科学概念，因为这些线的选择、设置、方向所依据的，可能就是战争计划最主要的部分。

一、选择和调整作战线的战略理由

作战线与作战地区不同，作战地区的利益往往由地形条件决定，所以它所涉及的问题有限，而作战线就不一样了。作战线所涉及的问题大致可分为：与敌人阵地的关系；与战争区交通线的关系；与最高统帅所计划实施的机动的关系。这些关系决定了各作战线的名称。

单一作战线：在边境的一个方向上作战。

双重作战线有两种情况：相互独立的军队在同一边境上作战；沿着这种作战线的部队分成几部分，由一人统一指挥，长时间相距较远地作战。[1]

内作战线：一支或两支军队在对抗几支敌军时采取的路线，它的构成和方向应该能保证在敌人向我方采取行动之前，迅速调集全部兵力迎击。

外作战线：可造成与内作战线相反的结果。一支军队同时向敌军的两翼或多个部分作战，采取的就是外作战线。

向心作战线：军队从彼此相距很远的各点出发，然后在基地前面或后面的一点上集中。

离心作战线：军队从一个点出发，然后发散成几个部分各自朝不同的目标前进。

深入作战线：从基地出发、延伸距离较长的作战线。

辅助作战线：连接可相互支援的两支军队，如1796年的桑布尔河—马斯河军团曾是莱茵军团的辅助作战线，1812年的巴格拉季昂军团曾是巴克莱军团的辅助作战线。

偶然作战线：因战局变化，必须改变原定作战计划，新作战方向所必须采取的新作战线。这种情况很少，一旦发生，偶然作战线就是非常重要的。只有那种才能卓越、思维敏捷的天才指挥官才会采用这种作战线。

临时作战线：可供一支军队初战胜利后再选择一条更重要的作战线的线路。在我看来，它既属于战略线，也属于作战线。

---

[1] 这是关于机动的问题，它指的是沿着两三条道路前进，能在一两日内集中起来的一支军队，当莫罗和儒尔当各率7万人单独进入普鲁士时，他们正好构成了双重作战线——作者注。

可能我的想法与前人有很大不同。实际上，这些线一直被看作只与物资有关。劳埃德和比洛[1]都只从与兵站和仓库的关系方面来评价这些线。比洛认为：军队在兵站附近驻扎时，就没有作战线。让我举一个例子来驳倒他的谬论，如果有两支军队，一支驻扎在上莱茵的营地，一支驻扎在杜塞尔多夫前面营地或这条边界上的任何一点。它们的仓库都位于莱茵河后边，这是一道最安全、最可靠、最便利的阵地。两支军队都能胜任进攻和防御任务，所以它们各自拥有各种作战行动所决定的作战线，因此：

1. 两支军队的地域防线，以它们所在的点为基地延伸至它们应该防守的第二线。如果敌人想在两支军队中间的地区固守，那么这两条线就会被切断。即使在亚历山大里亚有可用一年之久的弹药，如果敌军占领波河一线，就有可能切断梅拉斯[2]和他在明乔河一线的基地的联系。他得不到任何增援，只能被困在博尔米达河、塔纳罗河和波河之间。

2. 如果敌人集中兵力逐次进攻这两支军队，那么就变成双重作战线对抗单一作战线的情况。如果敌人在一个能更加迅速集中其全部主力的方向上，分成两部分，那就可能形成双重外线对双重内线。

要是比洛说，本土作战的军队对最初作战线的依赖不如在敌国作战的军队，那就好多了。因为在本土作战的军队，在一切方向上拥有为确定战线所需要的优势和依托点。虽然在作战时，它

---

〔1〕比洛，普鲁士军事理论家，主要著作有：《新军事体系的精神》《新军事原理》《新战术》。他的著作对19世纪普鲁士、奥地利两国军事思想有较大影响——编者注。

〔2〕梅拉斯（1729—1806），奥地利陆军元帅，曾在第二次反法同盟期间与拿破仑在意大利交战——编者注。

可能会失去这些优势,即使它不会遇到在敌国作战时的危险,但是,这并不意味着它没有任何作战线。

比洛的论断是不准确的,这在他的著作中也反映出来了,他所列举的一些原理是错误的。我的目的是,找出符合战争一般原则的正确的原理。为了证明这些原理,我需要列举一些具有充分说服力的事例来证明。虽然我已经在前文中多次提到18世纪的几次战争,用来证明我对作战线的论断。接下来,我还将对法国大革命时期的战争进行评述。

二、论法国大革命战争时期的作战线

在这场局势千变万化的战争中,法国的主要敌人是普鲁士和奥地利。战区扩展至胡宁格到敦刻尔克,分成三个主要地区:右面地区包括从胡宁格至朗道的莱茵河一线,一直延伸到摩泽尔河;中央地区位于摩泽尔河至马斯河之间;左面地区包括日韦至敦刻尔克之间的边境地区。

1792年4月宣战时,法国的意图是预防敌军会合。当时法国有一支数十万人的军队,部署在上述的三个地区,而奥地利只有不到3.5万人部署在比利时。法军可不费吹灰之力夺取比利时。联军从法军宣战到军队集结,整整耗费四个月的时间。有人认为,法国对比利时的入侵,妨碍了联军对香槟的作战,因为普鲁士国王可能预料到了法国的实力,而不愿意冒险牺牲自己的军队,去实现一个次要的目标。这种说法站不住脚,如果对香槟的作战的后果不一样,那又是什么原因使这次入侵失败因而未能改变欧洲的局势呢?同年7月底,普军进至科布伦茨的时候,法军已经无法再进行入侵战争。于是,局势变得对联军有利,那么他们又是怎么做的呢?

法军在日韦至敦刻尔克的边境地区已经部署了大约11.5万

人，他们分成5个军，分布在长达约560千米的正面上，进行有效的抵抗已经不可能。这时，联军只要进攻其中央，并阻止法军会合，就可使法国人受挫。普鲁士上下一致同意这个方案，但是普鲁士国王提出的目标却是纯政治性的。为了达到这个政治目标，只有速战速决。在摩泽尔河和马斯河之间，有一条中间线，不如该边境上的其他地段设防牢固，而且这里的卢森堡是一个优越的要塞，可作为盟军基地。但是，这个巧妙的计划，却并未得到执行。

无论从家族利益，还是从一旦失利将要失去的领地来考虑，奥地利与这次战争的利益关系最为重大，但是，作战的主要任务却匪夷所思地落到了普鲁士人头上。奥地利只派了30个营的兵力支援战争，其中4.5万人被部署在布里兹高、莱茵和佛兰德地区，执行监视任务。那么奥地利的重兵到底在哪儿呢？不去支持普军的翼侧，这些重兵又被赋予了什么更重要的任务呢？

从战争艺术角度上看，如果你对这些显得颇为奇怪的看法很关注的话，那么只是因为你跟我一样疑惑，面对摩泽尔河的部署，扼守梅斯的吕克涅尔部队应该去掩护普军翼侧，而不是什么布里兹高。普军在作战中，并未发挥其应有的积极性。它在康斯营地浪费了8天时间。如果它能先于杜木里埃到达伊莱特，或者直接赶走杜木里埃，那么这支军队就能在这里集中兵力，迎战数支敌军部队，最后将其一一击破，彻底挫败敌军会合的意图。

此役，奥地利的作战指导方针为，为了保存一切而掩护一切。奥地利人认为，在摩泽尔河和萨尔河完全没有防守兵力时，应该在布里兹高部署2万人。这些做法表明，他们因害怕失去某个乡村，而派出大量的独立支队，分散兵力。他们认为，为了防止敌人入侵就该在边境全线部署军队。

我还要指出杜木里埃的错误，他为了将战争区从中央转移到左翼而停止追击联军是毫无根据的。另外，他在正面对卡尔大公的攻击也是盲目的，如果他率主力沿马斯河而下，直扑那慕尔[1]，他就可以把敌人逼退到北海、纽波特或奥斯坦德，这将比在热马普[2]与敌人交战更容易获胜。

1793年的战役，还为我们说明了错误作战方向对战争所造成的影响。奥军之所以能够获胜并收回比利时，主要原因在于杜木里埃未能将自己的作战正面延伸至鹿特丹。在此之前的联军，是值得称赞的。他们针对杜木里埃的右翼采取攻势，顺利收回了几个富饶的省份，但当他们把法军逼退到瓦朗谢讷时，明明可以一举消灭无力抵抗的法军，为何要在几个要塞前消磨时间长达半年之久，让法军得到重新组织军队的机会呢？我实在难以理解，联军居然要置混乱的法军不顾，转而攻击佛兰德要塞。

如果联军在战胜法军之后，以荷兰和汉诺威的军队监视法军残存部队，将其余的部队指向马斯河、萨尔河、摩泽尔河，那么这次入侵将会对拿破仑更加不利。但是，在取得了几次胜利后，在他们对法国造成入侵威胁之时，自己却分散成十几支部队去占领防御阵地，掩护自己国家的边境。

还有一个问题令我困惑不已。战争伊始，交锋最激烈的地方总是在作战区的两翼。当联军在佛兰德作战时，驻守莱茵地区的

---

〔1〕比利时城市，在桑布尔河与马斯河交汇处——编者注。
〔2〕纽波特、奥斯坦德、热马普都是比利时领土——编者注。

大量部队居然丝毫不动，更别说援助了；当莱茵地区的法国部队开始进攻，桑布尔河的联军又无所作为。

1794年，双方的角色彻底逆转了。法军从艰难的防御转入进攻。法军的计划制定得很巧妙。这时的战局与1757年很相似，两次战役的计划几乎相同，作战方向是完全一致的。就像1757年，腓特烈大帝和施维林[1]指挥军队向布拉格进发一样，1794年法军向心攻击布鲁塞尔。两次战役唯一不同在于，1794年奥军在佛兰德的阵地，比1757年波希米亚军在布朗的阵地小。在1794年的战役中，法军面向北海部署，这对奥军实施右翼迂回计划很不利。当时，法军将领皮歇格吕企图迂回奥军右翼，不得不从海岸和敌人主力之间通过，这是一次极为危险和错误的行动。这一行动与当年贝尼格森[2]在下维斯瓦河的行动别无二致，他在1807年的指挥，使俄军遇险。

如果科布尔格亲王能像我们想象的那样行动，那么他就能使采取大胆机动的皮歇格吕深感后悔。当时，承担进攻任务的奥地利大军位于朗德勒西要塞正前方，兵力达到106个步兵营和150个骑兵连，其右翼为克莱尔法特伯爵所率领的军队，负责掩护佛兰德；左翼为考尼茨所率的军队，负责掩护沙勒罗瓦。朗德勒西被攻破，科布尔格亲王从沙皮伊将军的文件中发现了法军即将进攻佛兰德的计划，立刻向克莱尔法特派出12个营作为支援。科布尔

---

[1] 库尔特·克里斯托夫·格拉夫·冯·施维林（1684—1757），普鲁士元帅，腓特烈最倚重的军事顾问，常年为腓特烈出谋划策，曾经参与奥地利王位继承战争和七年战争——编者注。

[2] 莱昂蒂·莱昂蒂耶维奇·贝尼格森（1745—1826），早年在汉诺威军队服役，参加过七年战争。在两次俄土战争中表现出色，被授予准将军衔。1796年贝尼格森作为俄军主要高级将领之一参加波斯战争——编者注。

格亲王又给考尼茨派出一部分兵力，然后又在卡托留下一个师，之后才继续向前运动。如果科布尔格亲王不分散兵力，直接向图尔宽进军，那么他就可能在当地集中大部分兵力。这样，那位被夹在北海和敌军之间的皮歇格吕又会落得什么下场呢？

法军的入侵计划，不仅具有一切外线作战的不利条件，甚至其计划也没有得到彻底的执行。在4月26日，进攻库尔特莱的行动开始后，儒尔当在一月后才到达沙勒罗瓦。这将是奥军的梦寐以求的利用中央位置的良机。如果普奥两军都能在马斯河地带行动的话，面对分散的法军，一定能够阻止法军各部的会合。其实，正规交战中，面对在一条作战线上部署的敌军，攻击其中央位置是很危险的，因为敌军可利用两翼和各预备队同时行动。但是，如果面对的是长达数500多千米的作战线，对其中央位置发动攻击，又是另一回事了。

1795年，普鲁士和西班牙退出了联盟。莱茵河地区的战争区缩小，意大利成为法军新的战场。法军在此役的作战线仍然是双重作战线，它企图通过杜塞尔多夫和曼海姆行动，克莱尔法特比较明智地将主力逐次转移到杜塞尔多夫和曼海姆，并在曼海姆和美因茨附近筑垒阵地取得了决定性胜利，迫使敌人桑布尔河—马斯河军团转移至莱茵河左岸，以掩护摩泽尔河，而皮歇格吕被迫退回朗道。

1796年，莱茵河地区作战线的方向与1757年波希米亚和1794年佛兰德的作战线一样。

莱茵军团和桑布尔河—马斯河军团由基地的两面，向心方向指向多瑙河。它们构成了两条外作战线。卡尔大公比科布尔格亲王聪明多了，他利用内线作战，抢在法军之前集结完成。之后，卡尔大公利用多瑙河的掩护,超过莫罗并攻击儒尔当的右翼,将其击败,迫使莫罗后撤。

此时,拿破仑在意大利的传奇战绩开始了。他经过米列季莫之役,孤立皮埃蒙特军队与奥地利军队,迫使其各沿一条外战略线行动。之后,拿破仑在蒙多维和罗迪分别击败这两支军队。拿破仑在蒂罗尔的敌军赶到之前,迅速转移,指挥军队扑向敌军第一纵队,将其击破。之后,他又将敌军第二纵队击败,迫使其向蒂罗尔退却。对于乌尔姆泽[1]而言,他已经顾不上这些了。他赶来支援,第一军被拿破仑击败,之后他退往拉维斯,结果又被拿破仑攻击左翼,只得向曼图亚逃窜,乌尔姆泽最后在曼图亚投降。

1799年,法军在莱茵河和多瑙河地区选择了三条外作战线:左路军团监视下莱茵地区;中路军团挺进多瑙河;第三军团,负责占领瑞士,以提防意大利和施瓦本[2]。这三个军团只能在因河河谷谷底会合,这里距离其作战基地约320千米。卡尔大公的兵力相当雄厚,他将全部兵力集中对付法军中央,迫使赫尔维蒂[3]军队放弃格里宗和东瑞士。

联军并没有继续争夺中央地带,而是在瑞士和下莱茵组织双重作战线,当联军的莱茵军团在曼海姆享乐时,瑞士军团在苏黎世被击败。法军也好不到哪儿去,他们本该直接进攻兵力薄弱的

---

〔1〕达格伯特·西蒙德·冯·乌尔姆泽(1724—1797),法国大革命时期奥地利陆军元帅,生于法国斯特拉斯堡。他于1796年意大利战役与拿破仑对垒时打了一系列败仗——编者注。

〔2〕包括今德国巴登-符腾堡州南部和巴伐利亚州西南部,以及瑞士东部和阿尔萨斯——编者注。

〔3〕是通过法国大革命在瑞士联邦的领域上建立的一个自治共和国,1798年4月12日成立,1803年3月10日解散——编者注。

阿迪杰河，却被那不勒斯绊住了手脚，3.2万人一无所获，等到这几万人挥师北上时，又与莫罗行动方向相反地前进，最后被苏沃洛夫利用中央位置钻了空子。

1800年，拿破仑从埃及回师，使用了新的作战线：15万大军从瑞士两翼通过，一边指向多瑙河，一边指向波河。这次运动，夺取了大片领土，堪称近代军事史上的创新。两支法军构成两条互相支援的内作战线，预备军团确保了自己与本国交通线的畅通，也确保了莱茵军团的交通线的安全。

这些值得深思的案例，以及我对这些案例的概述，应该能使人们相信，在作战中选择机动线是非常重要的。如果能正确选择机动线，就可在失利时恢复态势，夺取敌人的优势，扩大自己的战果，攻取敌人的领土。

比较这些著名战例，我们可以得出，正确作战线的选择，一定是与战争的基本原理相符的，一切导致失败的作战线，都是违反这些原理的。我的结论是，单一作战线和内作战线的目的，都是通过战略机动，在决定点上集中主力部队并投入战斗；而作战线太多，就会因以分散的兵力对抗集中的兵力，最后被击破。

三、作战线的规律

根据我所提供的一些战例，关于作战线，可以先归纳出以下几条规律：

1. 如果战争的艺术就是将最多的兵力集中在决定性点上，那么其关键就在于对作战线的选择，这是一个良好作战计划的基础。拿破仑以其1805年在多瑙佛特的作战，以及1806年向格拉进军的部队所选定的方向都证明了这条规律。拿破仑的每次机动，都是每个军人都应该深思的。

2. 作战方向的选择，是由作战区的地理形势，以及敌军在作战区内的兵力布置决定的。作战线的方向只能指向敌军中央或两翼之一，只有兵力上有绝对优势，才可同时对敌人的正面和两翼采取行动。否则，同时对敌军正面和两翼采取行动，是大错特错。一般说来，如果敌人兵力分散，正面过宽，那么作战线的最佳方向就是指向敌人中心，但在其他情况下，作战线的方向就应该指向敌军的一翼。这样选择之所以有利，不仅在于攻击敌人翼侧时，只需要与部分敌军交战，更在于敌人防御正面会受到从背后攻破的威胁。例如，莱茵军团于1800年进抵黑森林防线左翼边缘后，迫使敌人后撤，之后又在多瑙河右岸与敌军两次交战，因为作战线选择得当，两次战役之后，莱茵军团入侵了施瓦本和巴伐利亚。

3. 应谨记，在敌人作战正面的一翼获胜，并不代表着可以毫无顾忌地向敌人后方猛冲。进攻部队这样鲁莽行动时，是很有可能被敌人切断交通线的。为了避免这种危险，还需正确选择作战线的方向，便于在后面保持一条安全退却线，或者必要时控制一条可向自己基地撤退的线路。这个方向的选择十分重要，应该成为总司令必备的才能之一。

1800年，拿破仑翻越圣贝尔纳山口后，经过都灵向亚历山大里亚进军，与敌人在马伦戈交战，他从圣贝尔纳山口控制了卡札尔和帕维亚，又从亚平宁山脉控制了萨沃纳和坦达，便保证了一条可以退向瓦尔和瓦莱的退却线。1806年，拿破仑从格拉进攻莱比锡，在那里等候从魏玛回师的普军。为了保障一条安全的退却线，拿破仑从格拉挥师向西，在通往萨尔费尔德、施莱茨和霍夫的三条路前展开作战正面,这三条路也成为他的交通线。

4. 必须避免两支互相独立的部队在同一条边境线上作战。只有大规模联合作战、两支独立的部队不在同一作战区作战,且不会形成拥堵时,才可以使两支独立的部队在同一边境线上作战。但是,即使在这种情况下,这两支部队最好还是由一人指挥。

5. 同样的兵力在同一条边境线上作战时,单一作战线总比双重作战线有利。

6. 由于战争区特点的需要,以及被迫以一定兵力分别迎击敌人的每支部队,可以采取双重作战线。

7. 内线总是比两条外线有利,内线作战的军队可以抢先集中主力对分散之敌作战。在此情况下,这支军队可以逐次击败突击的敌军各部,为此,它可以留下一部分军队,钳制并迟滞敌人的前进,之后退向己方的主力部队。

8. 如果兵力占有绝对性优势,即使兵分两路,也无各部被击破的危险,也可采用双重作战线。在采取此方法之前,应该根据地形条件和敌我双方的部署情况,对起主要作用的部队予以加强。

9. 当两支军队相互支援采取内线作战时,如果各自的敌人都拥有数量优势,必须防止敌人将这两支军队挤压在一个狭窄的空间内歼灭掉。采用内线作战时,绝不可使其延伸过长,否则敌人留下进行监视的非主力部队将发起攻击,甚至获得胜利。除非延伸对整个战争的命运就有决定性意义,对此点的失利可以忽略不计。

10. 两条向心作战线总比两条离心作战线有利。向心作战线更适合战略的原则,并且可以掩护交通线和补给线。不过为了安全着想,沿向心作战线运动的两支军队,在未会合之前,应尽力避免单独与集中的敌军部队作战。

11. 在一次战斗胜利后，如果敌军中心被突破，兵力被分割的情况下，我军是可以采用离心作战线的。在此情况下，唯有采用离心作战线才能分割被击败的敌人。这种方法有个要求，就是军队各部应该采取内线作战，但各部分尽力靠近，便于在敌人会合之前集结完毕。

12. 军队在会战中可能被迫改变作战线，采用临时作战线，只有在一支军队脱离困境时，才可采用这种临时作战线。我曾在《论大规模军事行动》中提到过一个改变作战线的战例，即腓特烈大帝在解奥尔米茨之围后进行的。

拿破仑每次冒险入侵别国时，总是会事先准备好一个此类计划，以防万一。在奥斯特利茨战役期间，他用经波希米亚指向帕绍或雷根斯堡的作战线代替原先指向维也纳的作战线。因为前者可以提供一个新的资源丰富的基地，而后者能提供一些遭到破坏的地区，而且卡尔大公可以轻易地率先抵达该地。

1814年，拿破仑实施了一次更冒险的机动，此次机动以阿尔萨斯、洛林森林地带为基地，向联军开放一条通往巴黎的道路。如果莫蒂埃和马尔蒙[1]能与他会合，他就又拥有超过5万人的部队，这次计划所能带来的最大的意义在于，他可借此巩固自己辉煌的军事业绩。

13. 我在阐述第2条原理时已经说过，地形的特点可能对作战线方向的选择产生巨大影响。对敌人构成突出角的中心位置最为有力，如波希米亚和瑞士，这种位置便于军队采取内线作战，从敌军背后攻击它。这个突出角的两边意义重大，必须尽一切人工力量和

---

〔1〕马尔蒙，法国军人，大革命时代将领，拿破仑时代的法国元帅，曾屡立战功，在法国战役中背叛拿破仑——编者注。

天然优势，防止敌人的突破。

当没有这种中心位置时，可以利用机动线的相对方向来代替这种中心位置。如示意图（三）所示，CD军运动到AB军正面的右翼，HI军则运动到FG军的左翼位置。于是，AB和FB两条外线的顶端便形成了两条内线，即CK和IK。利用CK和IK的会合兵力，就可将AB和FG各个击破。在1796年、1800年、1809年的一些战争中，我们能经常见到这种情况。

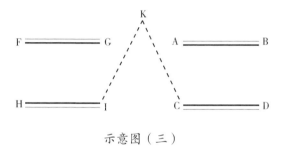

示意图（三）

14. 作战基地也影响到作战线方向的选择。作战线的方向应根据双方作战基地的位置选择。我在前文示意图中已经对作战线方向和基地的位置关系做了介绍，此处不再赘述。如果不能指向决定点，选不好作战线的方向，那么垂直基地的一切优势都可能不复存在。选择作战线方向的精髓在于，把作战线同作战基地以及军队的行动结合起来，一方面切断敌人的交通线，另一方面确保自己交通线的安全，这是最重要的，也是最难解决的战略问题。

15. 还有一种情况对作战线方向的选择影响重大。当作战的主要行动是在人数众多的敌军面前强渡大河时，除了统帅的意志，以及对敌人防线的某一部分进攻所取得的利益外，还需要考虑的是，什么地方能够安全地渡河，什么地方能找到必需的渡河材料。1795年，儒尔当在杜赛尔多夫渡过莱茵河，1831年，帕斯克维奇[1]在奥谢茨克附近渡过维斯瓦河。这二人渡河都出现同样的情况，即没有足够船只，必须从下游调用大量商船渡河，儒尔当向荷兰人购买船只，而帕斯克维奇则是在托伦和但泽购买。

在这两次渡河中，普鲁士中立地区都为这些船只的调运提供了方便。普鲁士中立地区的位置所能提供的便利，诱使垂涎的法国人接连发动了两次入侵战争，但法国人的两次入侵都失败了。

除了渡河舟桥的数量，统帅还需要根据地形条件和敌人的位置选择适当的渡河点。渡河点也会对部队渡河后几天的行动产生影响，因为直到战役胜利前，部队都需要保证渡河舟桥的安全，防止敌人的破坏。主要渡河点，一般在敌军中央，或是敌军的两翼。

在敌军延伸较长的一条警戒线前，从中央强渡过河之后，军队可能需要沿两条离心作战线行动，以分割敌人的警戒部队，使敌人无力破坏其渡河舟桥。如果河流很短，便于敌人保持集中，那么最好选在敌人一翼渡河，使敌人远离其渡河桥梁。关于渡河的详细问题，我将在后文中详加分析。

16. 另外，本国境内的作战线与敌国境内的作战线的差别很大。如果一支军队越过阿尔卑斯山或莱茵河，准备在意大利或普鲁士境内作战，军队首先面对的是力量较弱的国家，即使这些国家的首领结成联盟，但其国与国之间、人民与人民之间各有利益冲突，因而削弱了联盟的力量。如果一支普鲁士军队越过阿尔卑

---

[1] 伊万·帕斯克维奇（1782—1856），俄国陆军元帅、埃里温伯爵、华沙亲王——编者注。

斯山或莱茵河深入法国境内作战，那么它所采取的作战线要比法军入侵意大利或普鲁士更危险，因为普鲁士军队所面对的是行动和意志高度统一的法国。

一支军队将作战线设在本国境内时，它能利用一切可利用的因素，各种人力和物力资源；当它在异国境内作战时，它很难找到支持的力量，而敌军则可利用一切资源来对付它。

我已经说过，自然环境对作战线的影响是巨大的。作战线经过一个物产丰富、工业发达的地区，总要比经过一个贫瘠地区更有利。在物产丰富、工业发达的地区，入侵的军队是可以通过一些手段获得资源的，而在那种贫瘠的地区，入侵的军队所需要的大量物资都需要自己携带，这就增加了作战的难度和补给的压力，军队的处境也会更加危险。习惯于富饶的施瓦本和伦巴第的法军，就在1806年险些葬身于普乌尔图斯克[1]，几年后覆没于立陶宛的森林沼泽地带。

有一条规律受到很多作者的重视，它可以用以下一句话来表述："可保障作战行动安全的唯一条件是，把敌人逐出一个半圆外，这个半圆的中心即最中心的目标，半圆的半径等于作战线的长度。"这看起来像个几何公式，看似可靠，实际上却是在空想。这条规律受到如此热烈的支持，却一再被军事事件推翻。一个国家的自然环境，人民的意志，军队的士气，领导者的能力和精力，是能用一个半圆概括的吗？如果过分迷信这条神乎其神的规律，那么就意味着军队在敌国境内只能一动不动。我鄙视这条规律还在于，没有一次战争证明了虚构的数学规律可以用于战

---

〔1〕波兰地名——编者注。

争。1800年，菲森、萨尔尼茨和蒂罗尔都还属于奥地利，但莫罗不也到达维也纳城下了吗？梅拉斯占领都灵、热那亚、滕达山口时，拿破仑不也在皮亚琴察吗？更别说尤金亲王援助都灵时，又形成了一个什么样的几何图形呢？

我想我所举的事例足以证明，在拿破仑和腓特烈大帝，乃至苏沃洛夫、马塞纳面前，任何圆规都会自惭形秽。请注意，我并不是在贬低那些能精通这些计算的军官们的功绩。我对他们深怀敬意，因为他们对于构筑和攻击要塞和营垒，以及绘制平面图、制图，他们的科学运算都是有用的。但是，说实话，这一切对于战略和战术问题的帮助不大。即使厄克里德斯[1]的门生，为了赢得胜利，也不得不丢掉几何学去作战。

按照几何规律作战，就可能意味着为最伟大的统帅套上枷锁，从这一方面来说，我将永远反对这种理论，也将反对一切无知的辩解。

四、对内线的评论和反对者的意见

那些批评我的人，他们的言论很少一致，有的只对几个词句的定义表示反对，有的竟指责他们一知半解的观点。此外，还有人利用某些事件来反驳我的基本原则，但他们却没有考虑到当时的条件，这些条件恰恰决定可采用什么原则作战。他们也没有想到，即使他们所采取的方法是正确的，但是也有偶然的意外。无论如何，他们都无法推翻根据历史经验归纳出来的、科学的规则。

---

〔1〕厄克里德斯（公元前306—公元前283），古希腊几何学家，人称几何学之父——编者注。

有人引用联军在莱比锡获胜的机动,来反对我的内线作战原理。表面上看,这次著名的战役足以动摇人们对基本原理的信念。但是,只列举一个在历史上极为罕见的战例来反对一个已被无数次战役证明了的原理,显然是得不到与此原理相违背的结论的。而且,我还可以证明,这一事实非但不能作为他们的论据,反而能为我所用。这些批评我的人可能忘了,我早就说过,兵力具有绝对优势时,最适宜采取双重作战线,特别是沿向心方向行动,军队能在决定性时机,集中兵力对敌人实施联合突击。施瓦岑贝格亲王[1]、布吕歇尔、絮埃德亲王和贝尼格森的军队在这次行动中,皆是处于优势。较弱的一方军队,按照我所归纳出的原则,他们应该攻击敌军的一翼,而不是敌军中央。可见,那些反对者的论据恰好证明我归纳的原则是正确的。

与其说拿破仑在德累斯顿和奥得河所占领的中心位置是他所遭遇的灾难的根源,不如说库尔姆、卡茨巴赫、登涅维茨的失败,是拿破仑失利的根源,这些战役的失利则完全是由于法军采用了错误的作战体系所造成的。我一贯主张,要用大部分兵力进攻决定性点,对于次要的点,则应该凭借坚固的人工工事和天然障碍进行防守。只有决战结束或者敌人主力遭到重创,才可以将兵力指向其他点上。

如果拿破仑在德累斯顿取得胜利后,能追击敌人,他就有可能避免库尔姆战役的失败,甚至有可能威胁布拉格,突破联军的防线,但是,他并未追击退却的联军。而且,他居然未能亲自率

---

[1] 施瓦岑贝格亲王(1771—1820),奥地利陆军元帅和外交家——编者注。

领主力在决战中作战。在卡茨巴赫战役中,他的部将麦克唐纳[1]本该执行命令——待布吕歇尔的运动为法军造成有利机会时才发起进攻,但是麦克唐纳的行动却与此相反。

假使麦克唐纳能坚决执行拿破仑的任务,而拿破仑又能充分地利用在德累斯顿的战果,那么拿破仑的计划一定会取得辉煌胜利,因为他的行动计划的基础就是内战略线和内战略阵地,以及采用双向心的作战线。至于战果的规模,可以对他在1796年和1814年对意大利和法国的作战稍加研究,就可以得知。

为了证明那些批评者对中央作战线的评价是多么不正确,我还要对拿破仑在萨克森作战的遭遇进行一些补充。当时,他的作战正面的右翼和后方,都因波希米亚边境的地理环境而被敌人包抄。这时,他也处于中央位置——一个糟糕到极点的中央位置,以至于无法与我们所说的常规意义上的中央位置相提并论。拿破仑在意大利、波兰、普鲁士、法国境内采用此作战体系时,是绝对不会容忍自己的翼侧和后方受到敌人的突击的。此外,我们在判断一个作战体系是否正确时,都是以交战双方的利弊条件相当一样为前提,而莱比锡战役中,不论是地理位置上,还是双方部队的情况,都不均等。从这一点上,也可以看出那些批评我的人是多么轻率。

既然已经为我认为是无比正确的原理辩护了,那么请允许我利用这个机会,回答那些作家对我提出的一些异议。

巴伐利亚上校克西兰德,在自己的战略教程中,往往错误

---

[1] 埃蒂安-雅克-约瑟夫-亚历山大·麦克唐纳(1765—1840),拿破仑战争期间法国军事领导人。拿破仑评论他:"麦克唐纳是一位优秀而勇敢但不幸的指挥员……当他吹风笛的时候,他不可信赖"——编者注。

地解释我认为是基础的原理。他曾说我费尽心机地拼凑出来一套离心体系，然后又回到了向心体系。我认为他的指责是毫无逻辑的。我从来不曾绝对主张一种向心作战体系，或是离心作战体系。我的所有著作都是为了证明，战略原理是永远不变的，想要取胜就必须正确运用这些基本原理。不论离心或向心作战体系多好或多坏，完全取决于作战双方所处的情况。当主力在中央位置，可以沿分散方向行动，分割并歼灭两支采取外线作战的敌军时，采取离心作战体系是有利的。1767年，腓特烈大帝在罗斯巴赫和莱顿就是采用了这种机动，取得了辉煌的胜利。拿破仑所有的作战几乎都是采用这种作战体系，他喜欢机动，喜欢精确计算行程，把主力集中在中央位置，在突破或迂回敌人的战略正面后，采用离心作战体系，分兵追击敌人。这种机动的目的在于，分割被击溃的敌军。

在下述两种情况下，向心作战也是有利的：第一，作战的目的为企图在敌人到达之前，分散成几部，先行集中于某点；第二，兵分两路，向同一点进攻，且外部环境能掩护其不被敌军察觉。

事实上，在上述两种情况下，采取向心作战是会取得胜利的，但如果交战双方所处位置完全不同，采取这种体系，就是错误的。例如，如果我方有两支军队，从相距很远的点，向敌人向心运动，而敌军处于内线，彼此相距很近，那么敌军就可能先会合，挫败我方的运动。1796年，莫罗和儒尔当在对卡尔大公的作战中，就是这样的情况。他们哪怕是从比杜塞尔多夫和斯特拉斯堡距离更近的地点出发，都可能遇到危险。乌尔姆泽和克瓦斯达诺维奇所率领的向心运动的纵队，曾试图沿加尔达湖两岸向明乔河运动，结果怎样呢？拿破仑和格鲁希[1]向布鲁塞尔运动所酿成的滑铁卢惨剧，大家都应该还记忆犹新吧？法军向心运动，而布吕歇尔和威灵顿处于战略内线作战，抢先集中，法军遭遇滑铁卢惨败。我想这些事例已经说明了一个道理，即不遵循战争原理就会受到严厉的惩罚。

任何作战体系之所以好，是因为它符合战争原理。我从未宣称这些原理是我一人创造出来的，它们是一直存在的。恺撒、西庇阿、尼禄、马尔波罗[2]、尤金亲王应用了这些原理。我可能是第一个在一本著作中证明这些原理的人，我指出了应用这些原理的好处，并从证明中引出了具体应用这些原理的原则。

还有人针对我用"作战线"术语代替面积，他们甚至说，作战线就是河流。这种论断难道不奇怪吗？任何人都应明白吧！多瑙河和莱茵河不是军队可以在上面行动的作战线，它们最多可以作为补给线，缓解补给压力，但绝对不能用于军事机动，除非统帅能使军队在水上行进。批评者可能辩解说，他们所指的是河流谷地，不是河流本身。那我就要反驳他，谷地和河流是两个概念，谷地是面，而不是线。

他们的定义是很不准确的。如果我接受了这个定义，那么就应该看到，这条可作为一支军队作战线的河流应该始终朝着部队的运动方向流淌，事实却恰恰相反。大部分河流可以作为防线，但不能作为作战线。莱茵河对法国和普鲁士而言，都是一个障碍，下多瑙河是土耳其和俄国的障碍，埃布罗河是西班牙的障

---

[1] 埃曼努尔·格鲁希（1766—1847），法国拿破仑战争期间元帅——编者注。

[2] 疑为第一代马尔波罗公爵约翰·丘吉尔，英国军事家、政治家。在西班牙王位继承战争中有出色表现——编者注。

碍，罗讷河对从意大利进攻法国的军队来说也是障碍，易北河、奥得河、维斯瓦河，则是横向运动的军队的障碍。

说道路是作战线，也不准确。我们不能说，通过施瓦本的一百条道路就是一百条作战线。没有道路，就没有作战线，但道路本不是作战线。

关于作战线，我谈得够多了，但这都是战略运动的基石。读者可以发表任何不同的意见，我真诚地想促进战争科学的进步。

战略线

我已经在前文中提到过战略线了，可是很多人还是将战略线和作战线混淆，所以我打算再详细谈谈战略线。

战略线通常分为好几种，我不打算在这里着重介绍因地理位置而富有重要价值的战略线，如多瑙河和马斯河一线、阿尔卑斯山脉和巴尔干山脉等。不着重介绍，是因为它们属于我已经谈过的战争区的决定点和防线范畴。根据地理位置，它们又属于研究欧洲军事地理应该予以重视的问题。

战略线，可以指所有某一要点到另一要点之间的，最直接和最有利的交通线，以及从军队战略正面到所有目标点之间的交通线。

整个战争区有许多这样的交通线，而真正有价值的就是那种军队在执行某项任务所必须通过的路线。可见，为整个战局所选择的主要作战线与战略线之间存在着巨大差异，战略线是暂时的，它随着军队作战行动而变化。

除了物资战略线和地区战略线外，还有一种兼具这二者战略线特点的战略线，这种战略线可以决定机动的不同类型，我将其称为机动战略线。

假如一支军队以普鲁士为战争区，那么军队所选择的战区就在阿尔卑斯山和多瑙河之间，或是在多瑙河和美因河之间，弗兰肯和北海之间。在所选择的战区中，这支军队可能会采用一条作战线，也可能采用两条向心作战线，而这些作战线可能是内线方向，也可能是外线方向。随着战役的发展，它有可能采取多条不同的战略线。开始时，它可能采取一条通往总作战线的战略线，当它在阿尔卑斯山和多瑙河之间作战，那么它就可能根据不同的情况采用以下不同的作战线：乌尔姆至多瑙佛特和雷根斯堡，或者从乌尔姆至蒂罗尔，或者从乌尔姆至纽伦堡和美因茨。

为了实施决定性突击，战略线应该是向心的，胜利之后为追击敌人，战略线应该是离心的。战略线很少只有一条，因为一支军队很少只沿一条道路运动。采用两线、三线甚至四线的时候，如果交战双方势均力敌，那么应该采取内线方向；如果兵力比敌人强大，就该采取外线方向。有时，在双方实力相等时，也可令一支相当兵力的部队采用外线的方向运动，不必冒太大风险，就可取得重大战果。当军队的进攻方向是敌人指向敌军作战正面的两翼时，战略线就不可能采取内线的形式。

我在这里要大胆地说一句，我为作战线所归纳的一些规则，也适用于战略线。关于作战线的规律在此就不再重复了。

有一条规律要注意，即在选择暂时性作战线时，一定要掩护作战线，避免其暴露以遭到攻击。必要时，如为了更大的胜利，可以例外，但是这种冒险，行动时间不可太久，而且必须准备好自救方法，如突然改变作战线。

同历史教训对比，才能加深印象。滑铁卢会战中，普鲁士军队以莱茵河为基地，以科隆和科布伦茨通往卢森堡和那慕尔为作战线。威灵顿率领的英军以安特卫普为基地，他的作战线是通往布鲁塞尔的最短路线。由于拿破仑突然进攻弗勒吕斯，布吕歇尔采取与英军基地平行的作战线与法军交战，他对自己的基地安全显然很有信心。布吕歇尔采取此方向是有一定道理的，必要时他可以重回威塞尔，甚至向安特卫普寻求庇护。

在科尼被击败后，布吕歇尔一路从让布卢退回瓦夫勒。在瓦夫勒只有三条战略线可选，一条通往马斯特里赫特；一条通往芬洛；一条通往在蒙圣让，那里有英军的防线。布吕歇尔最后采取了指向英军的战略线，终于取得了胜利。

对于拿破仑而言，这或许是他有生以来第一次忽视掉的战略线。让布卢瓦经瓦夫勒至蒙圣让一线，恰恰是普军的机动战略线，它还是普军的内线。布吕歇尔的选择很大胆，因为他冒着作战线暴露的危险，寻求盟军的援助。与威灵顿的会合对他而言，太重要了，他的决定是符合战争原理的。

内伊在登涅维茨的行动，可以看成一个失败的案例。他从维滕堡离开前往柏林时，为了指向联军的左翼，而向自己的右方运动，使他的退路直接暴露在占优势的敌军面前。内伊的任务是与拿破仑会合。在这种情况下，他本该采取一些措施保障战略线，但是他没有这样做，因而在登涅维茨遭到沉重打击。

1796年，拿破仑通过布伦塔山口的战役，也是一个说明战略线各种问题的例子。当时，拿破仑的主要作战线是从亚平宁山至维罗纳。他将乌尔泽姆逼向罗韦雷托，为了追击敌军，他打算进入蒂罗尔后，沿阿迪杰河河谷推进至特兰托河和拉维斯河。当他得知乌尔姆泽经过布伦塔向弗留利进发时，想从乌尔姆泽的背后突击他。这时，他必须从以下三个方案中做出选择：冒着失败的危险，继续留在阿迪杰河河谷；经维罗纳后撤，等待乌尔姆泽；跟着乌尔姆泽进入布伦塔河河谷，这里两边都是高山，而仅有的两条山路可能有奥军驻守。

拿破仑并没有犹豫，他命令沃布瓦率一支部队在拉维斯河防卫特兰托，亲率其余部队朝巴萨诺前进。特兰特至巴萨诺这条线，就是拿破仑的机动战略线。他此举比布吕歇尔向瓦夫勒的机动更大胆。此后，如果他在巴萨诺取胜，就将打开一条通往维罗纳的道路，也将开辟通往维罗纳的作战线。如果他失败了，他就可以尽快赶到特兰托，与沃布瓦会合，然后退往维罗纳或佩斯杰拉。巴萨诺的地形主要有两方面的影响：一方面是不利于拿破仑机动；另一方面，即使乌尔泽姆在此地取胜，地形也不利于他阻击拿破仑退向塔兰托，因为没有一条路可以帮助他完成这个目标。当时，奥军将领达维多维奇也在拉维斯河地区，他只要将沃布瓦赶走，就可以将拿破仑推入险境。但是，刚在罗韦雷托被击败的他，已经成了惊弓之鸟，根本不想再投入战斗。

我花费如此多的篇幅来说明这一战役，目的在于说明，计算准确的时间和距离，高度的积极性，往往可使那些看似完全冒险的行为获得巨大的成功。因而，可以得出这样一个结论：有时在迫不得已的情况下，可以大胆地给一支军队规定一个暴露作战线的最短时间，进行一次大胆的机动，前提是必须预先采取一切措施，预防敌人利用它发动攻击。为此，必须行动迅速，以逼真的佯动迷惑敌人。

关于机动战略线的问题，我已经说得够清楚了。相信每个读者都能据此来辨别各种不同的机动战略线，也能明白选择这些机动战略线必须遵循的规律。

以临时基地或战略预备队保障作战线

攻入一国后，必须建立一些临时基地。这种基地不如国内基地一样可靠，只可短时间使用。凡是有桥头堡的，沿岸有一两个免遭突袭的大城市的，有掩护军队补给和预备队集中的大面积场地的一切河川，都是极佳的临时基地。

如果敌人就在附近，并且可威胁该临时基地到本国境内真正基地的作战线，这条线就不可作为临时基地。例如，1813年，如果奥地利保持中立，那么拿破仑就可将易北河作为临时基地，但奥地利已经向他宣战，如果采用了他就将腹背受敌，所以拿破仑只将其作为一个短暂的依托点，避免军队在该线遭遇危险甚至失利。

在敌国境内被击败，那么这支军队与本国的联系总会被切断。如果这支军队还要在该国坚持，这些临时基地，就只能作为临时依托点，不能做真正的基地，从某种意义上来说，它属于临时性防线的范畴。

不要妄想总能在敌国境内找到安全位置，既可以免遭袭击，又可以建立临时基地。情况危急时，可以用战略预备队来代替临时基地。

预备队在现代战争中，所起的作用很大。对于这一点，过去几乎没人意识到。而今，政府乃至一个步兵排长，都想拥有预备队。

我在"战争政策"一章中，已经谈到过，只有在紧急情况下才可动用这种后备力量。任何英明的政府，除了建立国民后备军外，还需要保持一支预备队，作为作战部队的补充。指挥官要善于运用所掌握的预备队。每个军、每个师、每个团，甚至每个支队，都需要有一支预备队。

一支军队通常有两种不同的预备队：在战斗线上准备战斗的；用于补充军队的。第二种预备队在继续完善组织的同时，还可在战争区占领要点，或组成战略预备队。当然，历史上也不乏没有考虑预备队，也取得了胜利的例子。预备队的建立，应该根据兵力大小，本国边境的天然地势，作战正面与作战基地之间的距离决定。

任何一支决定入侵他国的军队，其指挥官都应该想到被迫转入防御的局面时，该如何指挥军队行动。如果能在基地与作战正面之间建立一支中间预备队，它就可以增援任何地点，不致作战军队的力量被削弱。建立这样的预备队，可能需要从作战军队中抽出一些兵力，但是，任何大规模的军队，都需要国内的支援，都需要训练新兵和民兵，都需要利用补给站。因此，如果能建立补给站体系，使过往支队在补给站聚集，并补充几个营，使其更加稳定，一支预备队就这样建成了。

在每次战役中，拿破仑总不忘组建战略预备队。1797年，向诺里克阿尔卑斯山[1]远征时，他就把在阿迪杰河的茹贝尔军留作预备队，后来他又将维克托军留在维罗纳近郊作为预备队。

---

〔1〕中欧古地名——编者注。

1805年，内伊和奥热罗[1]所率部队先后在蒂罗尔和巴伐利亚州作为预备队，后来，莫蒂埃和马尔蒙的两个军在维也纳也承担过这种任务。

1806年的战争中，拿破仑曾在莱茵河上建立了一支预备队。莫蒂埃曾使用预备队征服黑森大公国。克勒曼在美因茨建立起的辅助预备队，在莫蒂埃调往波美拉尼亚时，曾逐步占领莱茵河和易北河之间的地区。当拿破仑决定向维斯瓦河挺进时，也曾使用过一个集中于易北河上的军团作为预备队。这个军团兵力达到6万人之多，组建目的是为了掩护汉堡，对奥地利施压。

1806年，普军也在哈雷建立过预备队，但是因为部署不当，未能收获些许战果。如果这些预备队部署在易北河上的维滕堡或德绍，那么就有可能为霍恩洛厄亲王[2]和布吕歇尔争取时间，他们就可以抵达柏林，从而拯救普军。

当在一个具有双重作战正面的地区行动时，预备队尤其有利，它可以执行以下任务：监视第二正面；在敌军威胁己方翼侧，或己方主力失利向预备队方向撤退时，可根据需要协助主力作战，这时预备队必须集中兵力，防止分散。

没有预备队，总是需要冒险，或者动用兵站。显然，只有在远距离入侵时，以及在受到敌人入侵的本国腹地作战时，战略预备队才有用。如果我军为了占领一个毗邻我国边境的邻国省份，就完全

---

[1]夏尔·皮埃尔·弗朗索瓦·奥热罗（1757—1816），法兰西第一帝国元帅——编者注。

[2]霍恩洛厄亲王（1746—1818），普鲁士陆军元帅。他所指挥的普鲁士军两集团军之一在1806年耶拿战役被拿破仑彻底击败，致使普鲁士成为法国的属国——编者注。

不需要这种预备队。在本国作战时，只有当国家受到严重入侵，需要动用临时应召的新兵时，才需要建立部署在营垒的预备队，而且营垒还需有要塞的掩护。

建立战略预备队的时机，需要统帅根据国家的状况、作战线纵深、设防点的特点和它与敌国的距离来决定。同时，统帅还需要选择预备队的位置。建立预备队时，应该尽量不削弱作战部队的力量，尽量避免抽调精锐部队。

战略预备队必须在国境线上的基地和作战正面或作战目标之间，占领各个重要的战略点。它们应该守卫攻占的要塞，监视尚未攻占的要塞。

预备队还需要一些工事作为依托点，以便掩护军队的兵站，增强阵地的防御能力。

关于我在前文提到的防线和作战枢纽的原理，同样适用于临时性基地和战略预备队。战略预备队如果占领了位置良好的枢纽，它的优势就会加倍。

旧式阵地战和现代运动战

阵地战是有条不紊行动，军队在营寨驻扎，从营寨获得补给品，各自都承担一定的作战目的，如有的队伍围攻要塞，有的坚守要塞，有的攻占一个小省份，有的坚守一些据点。这种战争方式从中世纪起，一直被沿用到法国大革命时期。

在法国大革命时期，战争方式发生了变化，出现了各种体系，虽然从战争艺术上来看，这些体系并不都是先进的。1792年的战争方式和1762年的战争方式没什么两样，法军固守要塞，联军在要塞外安营扎寨准备围攻。1793年，法国在投入了大量的人员对敌作战时采取了新的战争方式。这些军队在没有营寨的情况下行军、宿营，机动性大大提高，对获得胜利产生了有利的影响。革命军的战术也有了新变法，指挥官令士兵纵队作战，部分原因是这样比横队更便于指挥，另一部分原因是他们的作战地区被佛兰德和孚日山割裂开来。指挥官们还用一部分兵力作为散兵线，掩护主力纵队的行动。

这些新作战方式，虽完全由环境所致，却获得了惊人的效果，打乱了敌军传统的作战方式。其中马克的表现尤为突出，多数人认为科布尔格的成功部分来自于他，他因要求延长纵队队形，以这种薄弱的战斗队形来对付散兵游勇，最终名声大噪。他没有意识到，这些散兵游勇只是虚张声势，大型纵队才是攻击他阵地的主力。

法兰西的将领，只能算是在战场上作战的战士，指挥权主要在卡尔诺[1]和国民公会手里。虽然卡尔诺的指挥水平参差不齐，但是不能否认，法军最好的一次战略行动是由他指挥的。1793年，他指挥一支精良的预备队轮番增援敦刻尔克、莫伯日、朗道，在当地部队的支援下，他终于肃清了法国境内的敌人。

1794年，迫于情况，摩泽尔军团不得不向桑布尔河战略机动，这次预定计划外的机动，取得了极大成果，它决定了法国在弗勒吕斯的胜利，也确定了对比利时作战的胜利。1795年，克莱尔法特、夏特莱尔、施密特向法国人证明，他们也不是对战略

---

[1] 卡尔诺（1753—1823），法国大革命时期政治家、军事家——编者注。

一无所知。1796年，卡尔大公运用内线作战，打败了儒尔当和莫罗。此前，法军都是在宽大的作战正面展开，一方面便于他们找到补给，一方面是指挥官认为一线部署军队是一种合适的布兵方法。指挥官只留了一小部分预备队，结果，法军一被敌人击破，这支预备队根本起不到任何作用。

直到拿破仑首次攻入意大利，情况才有所改变。拿破仑的作战体系是一种全新的运动作战体系，他军队机动性极高，这令奥地利人和皮埃蒙特人不知所措，因为法军抛开了一切不必要的物资负担，行军速度超过了敌军。就是这样，拿破仑征服了意大利半岛。

1797年，拿破仑采用新作战体系，快速进军逼近维也纳，看似鲁莽，其实是为了在卡尔大公的援军到来之前打败他。

1800年的战争，更有意思，新作战体系在制定战争计划和选择作战方向方面，开创了一个新纪元。我已经说过，俘虏或歼灭敌人野战军的那些军事行动，都是从这里找到根据的。这次战争，法军战斗队形更紧凑，编制也更为合理，军队编成几个军，每个军拥有两三个师。从这时起，战略体系趋于完美。

而前人已经总结出来的纵队和散兵线战术，因为不适合意大利地形，拿破仑并未在意大利采用。那么，拿破仑所创立的这种作战体系是否适用于所有情况呢？有没有政府和将领考虑1800—1809年的事件后，又会重新采用之前的阵地战体系呢？请将七年战争的作战方式与"七周战争"时的作战方式加以比较，以及与1805年从布洛涅向莫拉瓦河平原出发后三个月的情况加以比较，再来考虑，究竟是拿破仑的作战方式还是旧战争体系更优越。

拿破仑的战争体系是，每天行军40千米，再作战，再休息。他曾亲口说，除此之外，他也没有其他的指导战争的方法。或许有人会认为，拿破仑的冒险天性，他的个人地位，法国人民的精神，都是他敢于采取一种新作战系的依托，而一般的世袭帝王或普通的战将，是绝对不敢冒险的。如果他们的说法是正确的，那么在运动战和阵地战之间就存在一个折中的体系。所以，我们不用一味模仿拿破仑，我们可以沿着他开辟的方向前进，可以修正和改进阵地战。

毋庸置疑，运动战令战争艺术更加丰富，但也给人类带来了一些损失，大批军队急行军，到处宿营，征集给养，这同蒙古人破坏没什么区别。但是，这种体系不会被人摒弃，人们从拿破仑的战争中，得出了一个真理，即单靠幅员的辽阔已不再能保障国家对敌人的抵抗了。一个国家要有安全的保障，必须有良好的要塞体系和防线体系，必须要有完善的军事制度和预备兵役制，还需要有稳定的政治环境。最后，还需要建立完善民兵制，居民都能组成民兵，充当预备兵力，这样可以给战斗部队更大的支援。军队数量越多，就越需要采用高效的作战体系。

假使社会更加稳定，各国人民都能安居乐业，可能为了保持均势而出台国际法，限制各国的军事力量对比。到那时，国与国之间发生战争，军队可能采取介于拿破仑的冒险运动战和保守阵地战之间的一种混合体系。但是，在这个时代到来之前，人类可能还是会采取战绩辉煌的运动战体系，谁要是放弃它，谁就可能成为牺牲品。

关于行军，除了保障军队纵队的良好秩序，精确计算纵队的出发和到达目的地时间、采取预防和警戒措施、保持纵队之间的通信联络等，这些真正勤务的细节问题外，还需要考虑属于战略的大规模行动问题。拿破仑为攻击梅拉斯的交通线，经圣贝尔纳的行军；1805年，盟军为切断马克退路而经多瑙福特的行军；

1806年，经格拉包抄普军的行军；苏沃洛夫为攻占都灵的行军；俄国向塔鲁季诺后转向克斯拉斯诺耶的行军，这些都不是战争勤务，而是具有战略意义的行动。

这些巧妙的行军，都是对于原理的运用：实现出色的行军，就是要把军队主力投递到决定点上。正如我说的那样，军事科学就在于确定决定点。一切战略运动，必须是以将军队主力连续地投递到敌人作战正面的各个点上，以主力部队对敌人各个击破。法军1793年末从敦刻尔克至朗道的战役，拿破仑在1796年、1809年和1814年的行动，就是范例。

行军学问中，有一点很重要，即善于安排纵队的运动，使其在摆脱敌人控制范围前，隐蔽地获得最大的作战正面。用这种方法，可以迷惑敌人，使其无法得知自己行动的意图，使自己的运动安全、迅速。此外，它还便于军队获得补给。注意，在这种情况下，必须在突击前，确保兵力的集中，这就需要交替运用向心和离心运动，它是对统帅指挥艺术的考验。

我还要介绍"侧敌行军"。大多数人，认为这种行军很冒险，但从未给出合理的解释。如果是在敌人战斗线前实施战术运动，虽然这种行军有时会获得成功，但显然这种行军极难完成。但如果在一般战略范畴内，采取了一定的预防措施，那它就没什么危险。在一次战略运动中，敌人两支战斗部队之间的距离往往为两天的行军路程，这时从一个位置向另一个位置的战略转移，就很安全。

侧敌行军，绝不能在遇到以下两种情况时采用。第一种情况：我方所采用的一切作战线、战略线、作战正面，对敌人来说也是侧敌的。例如，盟军对德累斯顿和拿破仑的25万大军不予考虑，而向莱比锡运动。第二种情况：作战线太长，如拿破仑在博罗季诺，只有一条退路时，任何侧敌运动都可能被包围。在有许多次要交通线时，侧敌运动危险较小，因为一旦遭遇敌人攻击，在不利情况下可以换一条作战线。另外，士兵的体力和精神状况，指挥官的意志，都对是否采取侧敌运动有一定影响。

向耶拿和乌尔姆的行军，越过基乌泽拉向米兰的行军，帕斯克维奇为渡过维斯瓦河采取的机动，都是侧敌行军，而且这些行动获得了巨大的成功。

但是，对正面的敌人翼侧采取战术运动，那就不同了。内伊在登涅维茨，马尔蒙在萨拉曼卡，腓特烈大帝在科林，都因为采用了错误的战术运动而遭到失败。

腓特烈大帝在莱登的机动，则是真正的战术上的侧敌运动。这次运动获得大量的骑兵掩护，有高地可以隐蔽，而且敌人的营垒毫无反应。腓特烈大帝的这次运动之所以能获得巨大成功，是因为在突击时，腓特烈大帝的军队的侧翼未受到攻击。

战斗时，为展开队形采取横队运动，并与敌人路线平行，并不是侧敌行军，因为那时各纵队的翼侧正是战斗线的正面。

尤金亲王为袭击法军营寨而迂回都灵的行军，比腓特烈大帝在莱登地区的行军更令人吃惊，其所取得的成就也不亚于腓特烈大帝的那次行动。尤金亲王从曼图亚至都灵的行军，是当时最大规模的战略运动之一。

至于行军中的勤务问题，它们与大规模军事行动关系如此密切，以至于可以将它们看作战争艺术的一个执行部分。这些问题，我将在后文中详细阐述。

补给仓库与行军的关系

与部队行军关系最密切的,是补给仓库的问题,因为快速和远距离行军,给养供应是必需的。给养供应需要一支庞大的军队,尤其是深入敌国作战,给养供应更为艰难。曾担任俄国总军需官的康克林伯爵的这方面专著,值得我们注意。我在此仅将给养供应与战略的共同之处做一些介绍。

古代的补给体系鲜有人知,仅靠韦格蒂乌斯[1]所说的罗马的军事经济问题,是无法说明这一复杂领域内的各种问题的。我很难理解,大流士[2]和薛西斯[3]是如何在色雷斯养着那么庞大的军队,而我们想要在那里供养3万人都异常困难。而恺撒是以战养战的推行者,他总是依靠他军队所经过的地区供养军队。中世纪,匈奴人、汪尔达人、哥特人、蒙古人都曾到过欧洲,他们迁徙的人数,以及他们在途中如何维持生活,是一个颇有趣味的课题。

弗朗索瓦一世的军队入侵意大利时,并未携带多少补给品,因为军队人数不到5万人,而且在富饶的提契诺河河谷和波河河谷,想获得补给很容易。

路易十四和腓特烈大帝指挥的军队人数众多,且在本国境内作战,其补给完全依靠仓库,这增加了军队行动的困难,因为军队

---

[1] 生卒年不详,主要活动期约在公元4世纪,曾撰写有军事著作《罗马军制》。书中论述了古罗马时代军团的编制、装备、训练和作战方法等——编者注。

[2] 波斯帝国的第三代君主——编者注。

[3] 波斯帝国第四代君主,大流士之子——编者注。

无法远离仓库,而运输工具的状况,车辆的载重,车辆到仓库和返回营寨所需的天数,等等,都会影响军队与仓库之间的距离。

　　法国大革命时期,补给仓库渐渐不受重视。入侵比利时和普鲁士的大军,往往向居民强征各种物资。当军队在富饶的莱茵河和多瑙河流域时,如比利时、意大利、施瓦布,部队常常住在当地居民家中。这在其他国家是比较困难的,尤其是在俄国、瑞典、波兰和土耳其,几乎不可能。显然,一支没有负担的军队的行动该多么迅猛!拿破仑就是这样获得成功的。

　　身为军队的统帅,应该善于利用所经之地的一切资源,保障军事行动。如果当地的行政机构依然存在,就应该利用它们征收补给,或者可以更人性化一些,以给予补偿的方法换取补给品。如果当地没有行政机构,可以利用当地显要,赋予其权力,使其为军队服务。所获得的补给物资,应该根据作战原则,在最有利于军队运动的可靠地集中。为减少给养消耗,应该将部队安排在城市和乡村,以就地解决住宿问题。除了补给品外,还应该征用当地居民车辆,以便向军队驻地运送物资。

　　为了谨慎行事,最好预先建立补给仓库。国家的状况、季节、兵力、人民的精神面貌,都是建立补给仓库时需要考虑的重要因素。我归纳出以下几条一般的规律。

　　1. 对于一支10万～12万的入侵军队而言,在一个人口众多、物产丰富、居民温顺的国家里,为了有保障地占领一块相当大的区域而向远距离的敌人挺进时,可在作战期间,依靠当地资源。

　　2. 在此期间,应采用一些手段,利用当地所能提供的一切物资建立补给仓库,以供军队完成第一阶段任务后的休整或执行新的任务。

3. 无论物资来源如何，补给仓库必须以梯次形式部署在三条不同的交通线上。这样既保证了军队每翼的物资供应，又可最大限度地扩大征收范围。这还是一个很好的掩护方法。为了掩护仓库，最好把这些军队两翼的仓库，建在通向主要作战线的道路上，这样的好处是：第一，这样距离敌人较远，可更好地保护仓库免遭袭击；第二，当敌人取得主动权时，便于军队采取向心方式撤退，以在作战线的某一点上会合，而后转入进攻，重获主动权。

4. 在人口稀少、物资贫乏的国家作战，入侵的军队可能很难找到最需要的物资。在此情况下，军队不能离仓库太远，而且一定要携带足够的补给，确保在受挫时能退回到设有仓库的作战基地。

5. 在民族战争中，当地居民往往会将所有物资销毁后逃走，所以，需要建立移动的补给点，否则，在没有补给基地的作战正面，军队难以前进。

6. 搜集大量物资，妥善地护送这些物资，随着部队前进，这是很困难的，尤其是在快速行军时，更是难上加难。为了便于补给点移动，应该尽量使用便于携带的食品作为储备口粮，车辆应该轻便坚实，可以通过各种崎岖的道路。如果能在居民中征用一些车辆，是最好不过的了，因而需要妥善掩护车辆和驾驶人员。另外，士兵需要习惯携带几天的口粮。

7. 接近海洋，对运输很有帮助。一支手握制海权的海军，似乎不会为供应发愁。对一支庞大的陆军来说，往往是喜忧参半。要保持部队与物资供应基地之间的联系，部队可能需要沿海岸作战，如果敌人迅速调集主力，向部队面对海洋的翼侧进攻，那么它就将面临被击溃的危险。如果部队距离海岸过远，它的交通线就得不到保护，甚至有被切断的危险。

8. 凡是利用海洋运输补给的陆上军队，都需要在陆地上建立主要作战基地。

9. 可以利用一些与军队作战线平行的河流来运输补给品。所以从这里可以引申出一个结论，即与河流平行的作战线总是最有利的，它可减少影响军队机动的车辆数量。但是，河流本身不是作战线，而且部队必须与河流保持一定距离，防止敌人攻击我军在河对面的部队，使其陷入如同被赶到海边一般的绝境。在敌国境内作战时，利用大河运输的机会较少，因为敌人可能破坏可用的船只，而且它可用较少的兵力袭击军队的运输船只，为了保护航运的安全，军队需要在沿河两岸部署部队，这有可能重演摩蒂耶在迪尔恩施泰因的遭遇。不过，经过友邦或盟国时，大河的优势又将显现。

10. 缺乏食物时，为了生存需要，也可以牲口充饥，在一个人口众多的国家，找到一些牲口维持几天，应该不难。不过，这并不是长久之计，而且性质也较为恶劣，所以应尽可能地补偿当地居民的损失。

拿破仑曾经说过，当他在头几次作战时，发现敌人有充足的补给品，而自己却两手空空，迫于无奈，他只好攻入敌人的后方，抢来丰富的补给品。这个例子说明，为什么许多大胆的行动能成功，也说明了真正的战争和过分谨慎的计算之间的差异。

边境及其要塞、筑垒线的防御和围攻战

要塞有两个用途：掩护边境；支援军队在战场作战。

边境靠要塞进行防御的问题，比较复杂。有的国家四周都有天险，只有少数出口，利用工兵技术加以驻防。如果一个国家四面开阔，防御就困难得多。阿尔卑斯山脉、比利牛斯山脉、喀尔巴阡山脉、克鲁什内山脉、黑森林、波希米亚森林、孚日山、汝拉山，都有利于组织良好的要塞体系。

上述边境中，法国与皮埃蒙特之间的边境，是最好防护的。斯图拉河河谷和苏萨河河谷、阿让特伊通道、热内夫勒山口、蒙塞尼山口，这些唯一可以通行处都设有炮台加以掩护。另外，从谷地通往皮埃蒙特平原的出口的工事，使它成为一个难以克服的障碍。

但是，单纯靠工兵技术建造的防御设施，并不能高枕无忧。这是因为：在峡谷里修造的工事，仍有可能被敌人攻克；敌人经过一些手段，比如开辟一条道路，可以绕过工事。弗朗索瓦一世越过阿尔卑斯山的作战，拿破仑越过圣贝尔纳山口，都证明了这点。拿破仑曾对马蒂厄·迪马说过："只要有一个人可涉足，军队就可通过。"可能有些夸张，但也反映出拿破仑的气质，在谈到山地作战时，我再详加阐述。

一些大河，也可用于掩护，尽管这些河流并没有在边界上，而是离边境有一定距离，它不在第一道防线上，也不在第二道防线上。有些河流虽能把两个国家分开，但是并不妨碍国家之间的贸易和交通，没有一处可称为真正的国界。所以，当土耳其人控制摩尔达维亚时，不能说多瑙河一线是比萨拉比亚和奥斯曼帝国的边界。同理，莱茵河从未成为法国和普鲁士真正的边界线，因为法国长期占有莱茵河右岸的要塞，而普鲁士在莱茵河左岸控制着美因茨、卢森堡、曼海姆、威塞尔。

同理，我们也不能说多瑙河、莱茵河、罗讷河、奥得河、易北河、维斯瓦河、波河、阿迪杰河是真正的国界线,但我们应将其看作永久防线,它们在构成足以掩护作战正面的防御体系中的各点上,都需要加固设防。

我们以因河为例。因河介于巴伐利亚和奥地利之间,其南岸为蒂罗尔山脉,北岸则是波希米亚山和多瑙河,它有帕绍、布劳瑙和萨尔茨堡几个要塞。劳埃德曾将这条边界线比作铜墙铁壁,结果1800年、1805年、1809年的战争都证明他的"不可接近的"断语是错的。

当一国边境的地形开阔时,就不要想着在这里修筑大量要塞构成一条真正完整的防线,因为这种防线需要大量兵力防守,而且最后还不能阻止敌人的入侵。最好修建几个位于要冲地带的要塞,主要目的不是完全阻断敌人入侵,而是增加敌人前进中的障碍,同时保障本国军队的运动,支援它击退敌人。

仅仅依靠要塞本身,就想完全阻止敌人前进,是很困难的。要塞可以为敌军增加障碍,迫使它分散兵力,迂回运动。对拥有要塞的军队来说,要塞的优点有:可保障军队实施机动;如果要塞紧靠河流,还利于部队渡河,掩护军队的仓库、侧翼;必要时,要塞还可为军队提供掩护。

接下来我将针对要塞与战略的有关问题,作简要介绍。第一个问题,要塞位置的选择;第二个问题,断定哪些要塞可以绕行,哪些要塞需要攻克;第三个问题,围攻要塞和军队行动之间关系的问题。

要塞的位置得当,将有助于军事行动;反之,则妨碍军队行动,成为军队的负担,迫使军队分兵驻守,削弱军队力量,浪费人力和金钱,造成国家的损失。后者,在欧洲大陆上处处可见。

关于战争艺术范畴内的要塞设置，我归纳出以下几条原理。

1. 一个国家从边境到首都之间，应设立三道梯次部署的要塞线，作为掩护。第一道线上，设立三个要塞；第二道线上设立三个要塞；第三道线，即在靠近国家实力中心处，设立一个大军事要塞。这就为国家建立了一个较为完善的防御体系。如果一个国家有四个正面，那么就需要25～30个要塞。

可能有人会反对，说数字太大，奥地利就没有这么多要塞。要知道，奥地利要塞比较少，是因为它周围都是德意志诸邦，这些小国不会对奥地利造成威胁，反而它们的要塞可供奥地利战时使用。

只有四个等长正面的国家，所需要的要塞数量才能同我所估计的数字相同。普鲁士从柯尼斯堡至梅斯的形状，就不需要同法国、西班牙、奥地利采用一样的设防体系。各国可根据自己的地理位置或边界线长度，增减要塞数量。另外，在设立海岸要塞时，多比少好。

2. 要塞一定要设在战略正面上。在战术上，我们要求要塞周围没有能控制要塞的地形，要塞需要出入方便，又不易敌人封锁。

3. 从防御和支援友军的方面来看，最有利的要塞位置，是在大河两岸并能控制大河处。美因茨、科布伦茨、斯特拉斯堡和克尔等要塞，都是依照这个原理修筑的。一个位于两条大河交汇处的要塞，可以控制三个作战正面，莫德林要塞就是典型例子。美因茨在美因河左岸有古斯塔夫斯堡，右岸有卡塞尔，因而成为欧洲重要的军事要塞。这样巨大的要塞，所需要的驻守兵力约2.5万人，所以，这种要塞的数量不可太多。

4. 人口众多、商业繁荣的城市要塞，能为军队提供大量资源。这种要塞，比小要塞有利，尤其是当地居民能协助防守，更是一种优势。梅斯曾抵挡了查理五世的大军,里尔曾抗击尤金亲王长达一年之久,斯特拉斯堡曾多次成为法军的堡垒。在近代战争中,这些城市屡屡被克服,是因为法国对抗着欧洲其他国家的联盟。如果只有15万人的普军向拥有10万人的法军发起进攻,他们真的能轻易攻克这些牢固的要塞,进抵塞纳河吗?

5. 过去,人们凭靠要塞、营寨、阵地作战。后来,战争的形式改变了,有组织的武装力量取代了障碍物。战争的真正艺术在于,在阵地战和运动战之间找到一个折中的方法。当然,作战的最主要目的还是消灭敌人在战场上的有生力量。为了达到这一目的,有时只需要绕过要塞。不过,如果作战只取得了部分成功,就需要慎重地计算入侵距离。关于这个问题,需要统帅根据双方军队的位置、兵力、居民的精神状况决定。

独自对法国作战的奥地利,是不可能重复1814年盟军所采取的那种行动的。5万人的法军也未必敢像当年拿破仑在1797年所采取的行动那样,冒险深入阿尔卑斯山脉,直插奥地利的心脏。

6. 要塞可以作为重要屏障,但使用不当,反而会分散兵力;要消灭敌人的野战军,最好从要塞间穿过,并且留下一定兵力监视敌军要塞。一支军队要渡过河流入侵一国,首先应该攻占敌国的位于河上的要塞之一,以确保自己退路,之后可以一边前进,同时围攻其他要塞,军队深入得越远,对围攻部队顺利完成任务越有利。

7. 我们也要承认小要塞的作用,它虽然在阻止敌人进军时的作用不大,但是在支援野战军作战方面贡献巨大。1813年,克尼格施泰因同德累斯顿一样,都对法军作战做出了巨大贡献,因为它为法军在易北河上提供了一个可靠的桥头堡。

山地国家中，一个位置得当的小碉堡，不会比一些大要塞差，因为小碉堡的目的是堵住通路，而不是作为军队的掩蔽所。1800年，巴尔德的一个小碉堡就差点挡住法军从奥斯塔谷地通行。

8. 每一个国家的边境，都需要一两个大要塞来掩护部队，另外还需要一些小要塞和据点，以配合野战军作战。甚至在腹地，拥有城墙和护城河的城市，也很有用处，它可以部署仓库、兵站、医院等其他设施，足以抵御来犯的小股敌人。如果能用当地民兵据守，不用消耗正规军的兵力，那就更好了。

9. 不要在战略方向以外建设要塞，这是极其不利于国土防御和军队作战的。

海岸要塞，对于海战，以及部署补给仓库的意义重大。但陆军不要盲目地认为，它是可靠可用的依托。1807年，贝尼格森为了从柯尼斯堡得到补给，就将其作为基地，几乎将全部俄军断送在此。1812年，如果俄军不是将军队集中在斯摩棱斯克，而且是在德文斯克和里加，那么就可能被赶到海边。

要塞的围攻和军队行动之间关系的问题，可以分为两类。

如果无须围攻要塞，只需绕过，则需要对要塞进行封锁或监视。当数个要塞相互距离很近，则需要留下一定兵力，由一个指挥官指挥，或围攻或监视之。

当需要攻克某个要塞时，则需要派出一支强大的军队，有力地围攻它。其余部队则可继续推进，或者占领阵地，掩护围攻部队。

以前，常常用一支军队全力合围一个要塞，采用这种做法，需要依据战壕作战，这是非常不明智的。1796年，都灵阵地上，尤金亲王虽然只有4万人，却打败了拥有将近8万人的法军，原因就是法军虽然有战壕，却要警戒长达24千米的筑垒工事，彻底分散了兵力。

无论恺撒封锁阿莱西亚时所修筑的工事多么牢固,现在已经没有一人再效仿这种方式了。我这样说,并没有否认在实施围攻时,需要加强自己的阵地,修筑独立的堡垒,控制要塞出口,防止要塞的守卫部队和辅助部队的反扑。拿破仑在曼图亚,俄军在瓦尔纳,都是这样围攻的。前人的经验表明,掩护围攻的最好方法,就是击溃威胁围攻部队的敌人。此时,一定要占领能掩护一切接近道路的战略位置,防止敌人增援部队沿着这些道路增援要塞。当敌人援兵到达时,围攻部队可与监视部队协作猛攻敌人,力求突击后继续合围。

除了战壕外,还有一种更长的、更像永久筑城工事的筑垒线。这种筑垒线的用途是掩护一部分国境线。我们要讨论的就是这种长达上百千米、用于封锁整段边境的筑垒线。维森堡筑垒线就是此类筑垒线,它的正面有劳特尔河作为掩护,右面有莱茵河,左面有孚日山,看似它已经到达了牢不可破的地步,然而,当它面对攻击时,却脆弱不堪。莱茵河右岸的施托尔霍芬筑垒线,曾经和维森堡筑垒线一样,被人寄予厚望,结果也并不比后者更幸运。同样命运的还有奎斯河筑垒线和金齐希河筑垒线。

1706年的都灵筑垒线,1795年的美因茨筑垒线,都用来封锁战壕,除了使用的兵力不同,它们的规模和结局,都与可能设置的一切筑垒线相似。

不管这种筑垒线有什么天险掩护,它总是可以被敌人绕过。像这样将军队隐蔽在战壕里,虽然可以防止敌人从翼侧迂回,但并不代表这些战壕不会被从正面突破,所以,这是一种极为愚蠢的行为,衷心希望后人不要重蹈覆辙。

另外,还有一点我要指出,挖掘绵亘不断的筑垒线是荒唐的，但为了加强围攻部队，提高某阵地的安全性，以及在防守隘路时，还是需要独立的筑垒工事的。

营垒和桥头堡

单独的营垒可作为一支军队的临时依托点，它属于大战术甚至战略问题。

1761年，曾为腓特烈大帝立了大功的本采尔维茨营垒；1796年，在克尔和杜塞尔多夫设立的营垒，都证明了这种掩蔽部的重要作用。1800年，克赖利用乌尔姆的营垒，阻挡了莫罗的军队整整一个月；威灵顿在托雷斯—维德拉斯建造的营垒，土耳其人在防守多瑙河至巴尔干山脉之间的地区时，在舒姆拉所设立的营垒，都曾对战争产生了巨大影响。

营垒问题的第一条规律，即营垒必须既在战略要点上又在战术要点上。1812年，德里萨的营垒，对俄军毫无用处，因为它的位置在俄军防御体系方向外，而俄军的防御体系是以斯摩棱斯克和莫斯科为轴心的，所以在进入营垒几天后，俄军就被迫撤走。我所归纳的关于选定大的战略决定点的规律，都适用于营垒位置的选定，因为营垒必须设在这些要点上。

营垒的作用可能各有不同，有的可作为进攻的出发点，有的可作为渡河的桥头阵地，有的可作为受挫军队的掩蔽部，等等。但是，除非一个营垒的位置，能像托雷斯—维德拉斯那样（位于背海的半岛上，用来掩护岛上部队上船）有利，否则，无论处于何种有利位置，都很难找到不被敌人迂回的战略点。而营垒一旦被敌人从左面或右面绕过，守军就只能撤出，否则就将眼睁睁地被包围。1813年，德累斯顿附近的营垒，曾被拿破仑作为重要依托点使用，但是，当它被盟军的部队绕过后，它已经毫无价值。在这里的两个军，由于缺乏补给，几天后被迫向盟军投降。

即使被敌人绕过，营垒还是可以起到应有的作用——临时依托点。关键在于，营垒如何做到不被敌人攻破。这就要求营垒四面具有同样的防护能力，可以免遭敌人的袭击。另外，这些营垒需要靠近要塞，这不仅是为了保障在该处仓库的安全，也是为了使要塞能掩护营垒离退却路线最近的那个正面。

这种营垒，若位于对面有桥头阵地的河上，附近又有美因茨和斯特拉斯堡那样的筑垒城市，那么它总能为军队增加优势。我再强调一次，这种营垒只能用于暂时掩护部队，争取时间，以及集中增援兵力之用。战场杀敌，总是要离开工事的。

我的关于营垒的第二条规律就是，在本国境内或是在作战基地附近作战时，这种营垒很有利。如果法军拥有易北河的一个营垒，只要莱茵河和易北河之间的地区被占领了，那么它也无法挽回法军的败局。如果法军被困在斯特拉斯堡附近的营垒中，那么它只要有兵力支援，就能恢复原有的优势。在法国腹地作战，又被法军合围在营垒里的敌人，是很难再退回莱茵河的。

至于营垒所应该起到的作用，许多普鲁士将军认为，设营垒是为了掩护要塞，或者为了阻止敌人围攻要塞。然而，我认为这些人是在狡辩。虽然当要塞和营垒可互相支援时，敌人围攻要塞的难度会更大，不过营垒是为军队提供掩蔽部或进发位置，便于军队能到达某个决定点。依照这些人的看法，为了迟滞敌人的围攻，让部队进入营垒，使其面临被敌人迂回和被切断交通线的危险，我认为这才是愚不可及的。可能有人还会提出乌尔姆泽来，说他曾在曼图亚坚持长达数月之久，难道他看不见军队曾在此覆灭吗？这种牺牲真的值得吗？我不这样认为。他本该毫不迟疑地放弃这个要塞。

1795年，奥军在美因茨前修筑营垒，企图在法军渡过莱茵河围攻美因茨时，阻止敌人的围攻。但儒尔当并没把这个工事当回事，他出兵拉昂，莫罗出兵黑森林，结果最后他们为了防御不得不撤离了这里。所以，只有当要塞位置十分特殊，敌人除了攻占别无他法的时候，才可以在那里建造营垒，执行阻击的任务。

我认为，要借助沿河要塞附近的已有工事来构筑营垒。这样，需要做出艰难的选择，是将营垒与要塞设在同一岸边，还是设在要塞对面？如果不可能在两岸设立要塞，而又必须从以上方案中选择一个，我会选第二个方案。因为营垒要起到掩护军队和支援渡河的作用，就必须设在敌占河流的对岸。如果要塞与营垒在同一岸边，要塞对营垒就毫无用处，如果要塞位于营垒对岸，营垒几乎可以不担心背后的安全问题。例如，1812年俄军在德里萨营垒防御，如果它的要塞设在德维纳河右岸，以掩护营垒的背后，它就能在那儿坚持更长的时间。同样，莫罗面对卡尔大公的攻击，如果不是他的营垒在斯特拉斯堡对岸，那么他是绝对不可能抵抗三个月之久的。

科布伦茨要塞，似乎开创了一个新的体系，这种由普鲁士人构建的体系，集中了营垒和永久要塞的全部优点，虽然它还存在某些不足，但仍值得我们研究，对于在莱茵河上作战的军队而言，它的价值很大。

至于在大河沿岸设立营垒的不利之处，我已经指出，此处不再赘述。只有设在河对岸的营垒，才能产生效用，但这并不代表，当桥梁遭到毁坏时，它可使军队免遭危险。还记得吗？拿破仑在埃斯灵的那种困境。此外，临时性营垒还有以下缺点：使军队缺乏弹药补给而被迫投降；使军队遭敌人的直接攻击。像科布伦茨那种独立的永久性筑垒工事的优点在于：它可避免上述临时性营垒的危险；能掩护设在军队同岸城市里的仓库；保障军队免受敌人袭击。

在所有野战工事中，桥头堡是最重要的工事。桥头堡的价值，充分体现在越江渡河中，尤其是渡越敌人面前的大河时。我宁愿失去营垒，也不能没有桥头堡。只要能保证桥梁免遭袭击，就能保证军队在向河岸退却时拥有一条退却的道路，而不被歼灭。

桥头堡用作大营垒的内堡时，利益是双倍的，桥头堡延及与营垒相对的河岸时，利益可能是三倍，因为那样，两个桥头堡就可以互相支援，河的两岸都能得到保障。在敌国和其他永久性工事的正面，桥头堡的意义特别重大。

当营垒体系为独立的闭合式工事，桥头堡是绵亘的开放式工事时，这种营垒体系比后者更有利。如果营垒是绵亘的，就需要大量的兵力在营垒的全线占领工事。如果营垒是掩盖的封闭式工事，只需要一个军就能防守，使之免遭袭击。

关于营垒的攻防，属于战术问题，我将在后文进行阐述。

山地战略行动

在全面提出战略之前，我需要阐述战略在山地战中的意义。我不愿在此分析那些被认定为牢不可破的据点和工事，它们属于战术范畴。我在这里,要指出的是山地国家同山地战略行动的关系问题。

一个山地国家,在战时可能出现四种情况:它可能是整个战争区;它可能成为战争区的一个作战地区;它可能群山起伏;它可能只有一线山地,敌人绕过山地,就进入广袤的平原。

除瑞士、蒂罗尔,以及诺里克诸地[1]、土耳其和匈牙利的几个省、加泰罗尼亚、葡萄牙外,其他欧洲国家都是拥有一条单独的山脉[2],军队只有在通过隘路时,比较困难,所以这只是一种暂时性的障碍,它是可以被越过的。这类山脉反而有益,因为通过这种障碍后,战争就将转向平原地区,军队就可将山脉当作临时基地,必要时还可向此退却,将它当作临时掩蔽部。所以,军队在撤退时,绝不能让敌人抢先占领该地。

在法国和意大利之间的阿尔卑斯山,以及地势稍低的比利牛斯山,也具有这种性质。在加泰罗尼亚,比利牛斯山横贯埃布罗河流域,如果战争仅在这里进行,那么作战地区都是山脉,这和只有一条山脉的作战地区完全不同。

在匈牙利,即使喀尔巴阡山脉在其东部和北部形成了山区,但这也只是一个临时性障碍,军队越过后,可以进入蒙加奇地区,或者前进至瓦格河、尼特河等流域。越过这里的军队,可以在多瑙河和蒂萨河之间的广阔平原上作战。不过,阿尔卑斯山和比利牛斯山的道路少但路况较好,而匈牙利的道路则难以通过。

匈牙利境内的喀尔巴阡山脉,以及蒂萨河和瓦格河河谷的地势,可以将山脉当作临时性障碍研究。

---

[1] 作者所认为的诺里克省,包括卡林西亚、施蒂里亚、卡尔尼奥里亚和伊利里亚——编者注。

[2] 不包括高加索——作者注。

波希米亚山、孚日山和黑森林，虽然小，但也属于山地地带。

当一个国家全由山地组成，并且只作为整个战争区的一个作战地区时，这些山地的重要性就只是相对的了。在这种情况下，这些山地可作为要塞使用，掩护军队进入平原进行决战。如果这种山地国家就是全部战争区，又另当别论。

一直以来，人们总对这个问题疑惑不已，到底是山控制谷地呢，还是谷地控制山，卡尔大公倾向于谷地控制山，他用经历向世人证明，多瑙河河谷控制着南德意志地区。不过，有个问题需要注意，战争还取决于双方兵力的对比，取决于政府和人民的态度。如果6万人的军队向巴伐利亚开进，等待他们的是实力相等的奥军，那么奥军可以在蒂罗尔投入3万人，等到因河之后得到援军的支援。这时，法军想要进抵这一线是很困难的，因为它需要在翼侧留下大约相当的兵力。如果法军有12万人，那么就能组织一支强大的支队来掩护蒂罗尔出口，并向林茨进军。

以上所介绍的是将山地国家作为一个次要作战地区。如果将山地国家当作主要作战地区，那么问题就更加复杂了。1799年和1800年的战争，为战争艺术研习者提供了引人注目的案例。

如果你知道法国政府轻率入侵瑞士的后果，以及法军把泰瑟尔至那不勒斯连成一个战区，由此引发的严重后果，就不会对维也纳内阁和巴黎内阁签订保证瑞士中立的合约有所好感。1799年卡尔大公、苏沃洛夫和马塞纳的作战，是全部山地战区的范例，1800年拿破仑和莫罗的战争，则是为决定山地国家命运而在谷地作战的范例。

在介绍前人的经历，以及对他们的经验进行评判之前，我先简要说明我得出的关于山地作战的真理。

一个遍布山脉的国家，一旦成为两军的战场，这时一切战略上的安排，都不能以平原的战略为参照。

在山地作战时，想要对敌人作战正面的翼侧实施机动的难度相当大，几乎不可能达成。在山地国家中，一支强大的兵力往往只能在少数谷地中行动，而敌人却能预先在这些谷地部署足够的兵力迟滞对手的行动，为自己争取集中兵力的时间。山地纵横的国家，谷地只有为数不多的小路，无法保证大军行动。所以，任何横向行军都只能使用轻装部队。

重要的天然战略点，位于大谷地的汇合处，以及河川汇合处，只要有一点军事常识的人都能理解。这种战略点数量不多，当防守部队为主力时，入侵的军队想要击溃它，必须最大强度地攻击它。在这些战略点，难以展开大规模战略运动。但是一旦进攻方能在敌人的后撤线上攻取一个位于大谷地的交通枢纽，那守军覆灭就只是时间问题了。

在山地作战时，防守方的困难一点不比入侵方少。守军要掩护一切要道，防止敌人乘虚而入；部署大部队到决定点上；当某一决定点受到威胁，防守方需要迅速集中兵力时，它又很难沿横向运动。

说到横向运动以及在山地作战的困难问题，我要插入拿破仑在1805年为切断马克与乌尔姆的联系而实施的机动。从一方面看，如果凭借通过施瓦本的数百条路，这次机动方能成功，那么我们还要承认，正因为这数量众多的道路，帮助马克在可能被迂回时顺利撤出。[1]

从另一方面看，在平原地区，一个被迫以防御姿态迎敌的统

---

[1] 这是在山地国家作战时不可能遇到的情况。当时，根本没有可用于从多瑙佛特经奥格斯堡向梅明根实现迂回的道路——作者注。

帅，可能将他大部分兵力集中在一处，因为如果敌人分散兵力以切断守军的每条退路，守军就可以逐次击破各支敌军。但是，在山地国家作战，一支军队通常只能找到一两条通路，而且敌占区却有数条谷地通往这一两条通路，所以，守军军队难以集中，因为任何一条谷地都需要设防。

在山地作战，谈规律乃至于建议，对执行山地战略防御任务的统帅来说，都是不可能的。因为山地战略防御极其困难。除非他所防守的是一个不大的作战正面，该正面由四五条汇合成一个交点的谷地构成，从这个交点到山顶的距离，仅需要两三天行军路程。因为在这种情况下，只要在每条谷地的隘路上建立一个难以迂回的要塞，就能起到很大的作用。在这些要塞的掩护下，再部署几个步兵旅掩护接近交点的道路，再将一般部队部署在谷地交点用作预备队。这支预备队有以下用处：支持受威胁的方向上的部队；当敌人企图通过隘路时，或当己方各纵队集中迎击敌军时，全力攻击敌人。

以上只是战斗部署，身为统帅还需要制定完善的战斗细则，他既要为前线指挥官指出警戒线被突破时的临时集结点，又要为前线指挥官选择继续在山地威胁敌军翼侧的时机。做到这些后，身为守军的统帅就能放心了。因为这样的山地，对敌人造成了太多不利条件。

如果在我所说的正面左右两边又各增加一个同样的正面，那就必须三面设防，不然在敌人发动第一波攻击时，守军就将受挫。这种情况很容易被忽视。防线越长，防御的难度就越大，警戒线就会出现各种危险。

可能有人以1799年马塞纳在瑞士的经历为论据来反驳我的观点。儒尔当在斯托卡赫战役失败后，马塞纳接替他担任瑞士军团司令，这时他防御着一大片地区[1]，他的敌人则在巴勒、瓦尔斯德胡特、沙夫豪森、费尔德基尔、库尔。贝勒加尔的普军威胁着圣哥达，意大利军团威胁着辛普朗和圣贝尔纳。马塞纳该如何防御呢？难道除了莱茵费尔斯至汝拉这块防御枢纽地带，沙夫豪森、莱茵涅克、圣哥达就该放弃吗？为了保住赫尔维蒂，不让联军染指瓦莱和伯尔尼的通路？如果处处设防，那他还拿什么去与敌人主力部队决战呢？

在谷地上集中兵力，这是一种下意识的行动，如果将部队集中在很难通行的地形上，这就意味着将主动权交给了敌人，不论在任何地方，只要集中的军队少于敌人，那么他将处处受挫。

最后，马塞纳被迫撤离莱茵和苏黎世一线，本该在汝拉一线坚守的他，居然鲁莽地留在了阿尔卑斯一线，在这里他遭到奥军的突击。幸亏贝勒加尔德没有向伯尔尼挺进，也没有寻求与卡尔大公会合，不然马塞纳可能全军覆灭。

高山国家对战术防御有利，但对战略防御无益，因为它会分散兵力，防御方只能以更大的机动性，以及更为积极的进攻，来弥补这个缺点。

与此相反，克劳塞维茨认为，运动是山地作战中最困难的一部分，因而主张守方尽量避免运动，以免丧失其在当地的防御优势。不过，他后来又补充道，消极的防御迟早不敌积极的进攻。这说明，山地作战与谷地作战、平原作战一样，主动性仍是不可或缺的。马塞纳在如此不利的情况下，仍能在瑞士坚持住，就是因为他只要有一点机会，就向敌人发起进攻。1796年，在蒂罗

---

〔1〕巴勒—沙夫豪森—莱茵涅克—圣哥达—富尔卡—勃朗峰地区——编者注。

尔，拿破仑对乌尔姆泽和阿尔温齐，就是采取了同样的做法，最后取得了胜利。

关于山地作战战略运动的一些细节问题可以从苏沃洛夫经圣哥达向穆滕塔尔的远征中找到。人们在盛赞这位伟大统帅的成就之余，也不忘赞颂在攻占莱古尔布所实施的机动时，他的军队所体现的高昂士气、积极进取精神、不屈不挠的斗志。正是这些气质与精神拯救了他们自己。在沙亨塔尔和穆滕塔尔，他也凭借运动摆脱了困境。莫利托尔[1]凭借4000人，在面对3万余人的联军围困时，他却四次出击，在林特河坚守。这些战例说明，山地战中，顽强英勇的意志胜于任何理论。我当然可以说，山地战的主要规律就是在未控制高地前，不要到处冒险。我还可以说，与其他战争相比，山地战中，军队的行动更需要指向敌人的交通线。我也可以说，将临时基地或防线设在谷地交汇处，再以高机动性的、准备充分的战略预备队掩护，就是防守这个地区的最好方法。这些规律，无须我一再重复。唯有军队意志力，我必须特别强调。

我必须指出，当在山地国家的战争具有民族战争性质时，当人民为了神圣的独立事业而奋起反抗入侵者时，防御战争的威力才会特别大。在这种情况下，敌人每前进一步，都将付出巨大的代价。但是，人民群众想要获得最后的成功，也离不开纪律严明、斗志昂扬的正规军的支援。不然，再勇敢的人民群众，也会像施坦茨和蒂罗尔的英雄们一样落得个失败的下场。

进攻山地国家有两种情况：进攻的地区只有一线山脉，山脉

---

〔1〕莫利托尔（1770—1849），法国元帅——编者注。

后面是平原；进攻的全部战区都是山地。

对第一种情况，唯一的规律是，在边境佯动，诱使敌人在宽大正面组织防御，之后向可能获取最大战果处突破，即对其警戒线的突破。从兵力方面看，这种警戒线是薄弱的；从地形特点看，它又是有优势的。境界线一旦被突破，防御方全线就会随之崩溃。1805年，内伊攻占莱塔什和沙尔尼茨时，他率军冲入敌人的中心，迫使其全线后撤。由此，我得出一个结论，精良的步兵，在果敢指挥官的带领下，总能越过著名的山脉。

弗朗索瓦一世为绕过苏萨河的敌人，而翻越蒙塞尼和奎拉斯谷地之间的山地，证明了拿破仑的那句话："这些难以逾越的障碍总是可以被越过的。"

有人看到山地作战对守方有利就贸然下结论说，集中相当的兵力从一条谷道中突入是极其危险的，最好还是将军队变成几队，沿着便于通行的道路前进。要我说，这才是"极为危险"的想法。当受入侵的正面上有五六条便于通行的道路时，虽然这些道路都应得到重视，但最好把翻越山脉的兵力编成不超过两路，而且预定要通过的谷道不能位于离心方向上。拿破仑通过圣贝尔纳隘路时，把最强的主力放在中央一线，向左右两翼各派出一个师分别通过蒙塞尼和辛普朗，以分散敌人注意力，从翼侧保障机动。

入侵的国家境内尽是山地时，比入侵一个可在平原决战的国家，作战时间更长，作战难度更大。这是因为，山地没有可以展开兵力的战场，整个入侵战争最后会变成一系列的小规模局部战斗。在这种国家内作战，不适合从一点渗入深谷，因为敌人的封锁可能使入侵的军队陷入困境。可以从翼侧分两三路切入，这要求：各路相距不能过远，且各路部队能同时到达谷口会合点，以及消灭威胁入侵的军队的筑垒工事。像瑞士这种全部是山地的国家，最便于采取战术防御，加之它的军民一心抗敌，它是有能力抵抗强大数倍于己的敌人进攻的。

面对复杂情况，想为作战制定出固定的规则来，是不可能的。随着地形、工事、居民精神、军队斗志的不同，情况也会发生改变。只有历史才是学习山地战的良师。卡尔大公对1799年战争的记述，我的《法国大革命战争批判史》，塞尼尔和马蒂厄·迪马对格里宗战役的记录，圣西尔和叙舍对加泰罗尼亚战役的记录，罗昂公爵在瓦尔捷林的战役，等等，都是学习山地战的宝贵材料。

大规模入侵和远征战略

接下来，我要从军事角度讲解在遥远地区的战争和入侵。当我想在书中承认它应有的地位时，我却遇到了一些麻烦。在这种远征中，除作战距离远所增加难度和危险外，其作战行动仍可能采用其他战争中所采取的方法。

这种远距离入侵和作战所具有的独特的交战、战斗、围攻，乃至作战线，在某种程度上是属于本书所探讨的战争艺术的不同领域。不过，我们只进行一般性研究。由于它在作战线方面，尤其与其他战争不同，所以，我将在作战线之后深入探讨远征的作战线问题。

远征可分为五大类。第一类，穿越大陆的辅助型远征，我在讨论干涉性战争时曾提到它。第二类，大规模陆上入侵，这将经过许多国家,友好的、中立的、敌对的、态度暧昧的。第三类,一部分靠舰队在海上实施入侵,一部分是在陆地上的。第四类,为征服、夺取、防守遥远殖民地的海外远征。第五类,大规模登陆作战,距离不会太远,攻击对象是一个强大国家的。

我已经在前文中述及囿于防御条约或同盟条约,而派出军队援助遥远国度的辅助军队将会遇到的一些不利条件。从战略观点看,如果俄军前往意大利或莱茵河是为援助日耳曼诸邦,那么它的处境定会比经过敌对国家或中立国家去作战有利得多。俄军将与其盟军共用一些基地、作战线、临时据点,也可从盟军的防线中获得掩蔽部,还可以从盟军那里得到补给和弹药等。没有这些盟国,俄军就只能从维斯瓦河或涅曼河去获取物资补给,这将重蹈历史上许多大规模入侵作战的覆辙。

虽然这种辅助作战较单独远征更有利,但也不要忘了,辅助部队也是有危险的,身为辅助部队的总指挥也会遭遇各种困难。1805年,库图佐夫[1]率领3万俄军到达巴伐利亚边境。当时,本该与他会合的马克所率军队,除了金迈尔还剩下1.8万人外,其余全部覆没。于是,库图佐夫以不足5万的兵力对抗拿破仑所率的15万人大军。雪上加霜的是,库图佐夫此时离俄国边境达1 200千米。如果他得不到任何支援,他就只能束手就擒,这就是奥斯特利茨之役的结果。最后,俄军由于远离基地,差点成了联盟的牺牲品,最后靠签订一项合约,库图佐夫才幸运地回到俄国。

苏沃洛夫远征瑞士,以及赫尔曼在荷兰贝尔根的遭遇,都是值

---

[1] 库图佐夫(1745—1813),俄国陆军统帅,1805年在奥斯特利茨与拿破仑作战失败,被沙皇免职——编者注。

得每个担任远征军指挥官思考的。比较正面的实例有,1807年贝尼格森在维斯瓦河与涅曼河之间的作战,他依托自己的基地作战。

至于通过辽阔大陆的远距离入侵,我们只有从历史中寻找规律和准则。

当半个欧洲都是森林和草地时,仅仅依靠马蹄和利剑就能把一个民族从欧洲的一端迁移到另一端,在这一时期,哥特人、西哥特人、匈奴人、汪达尔人、阿兰人、瓦兰人、法兰克人、诺曼人、阿拉伯人、蒙古人,都曾在欧洲大陆留下痕迹。当火药和大炮问世,大规模的常备军被建立,文明使得各国更为接近,当它们意识到必须互相支援以后,这种大规模的民族迁移就成为历史。

不论民族大迁移如何,中世纪战争的特点还是远征。如查理大帝几次远征,奥列格和伊戈尔对君士坦丁堡的入侵,阿拉伯人对卢瓦尔河两岸的侵袭。这些事件已经太久远了。

自从火药出现以来,欧洲国家的远距离入侵只有查理八世对那不勒斯的入侵,以及查理十二对乌克兰的入侵。而西班牙人在佛兰德的战争,以及瑞典人在德国的战争,又是另一种类型。西班牙人的战争属于国内战争,而后者属于新教徒战的一种辅助手段。这几次远征的规模都不大。

近代史上,只有拿破仑一人敢将半个欧洲的军队从莱茵河调往伏尔加河两岸。这是前无古人的,至于来者,我相信暂时不会出现,这需要一个亚历山大和一支马其顿军队才可能取得成功。现在,奢华和享乐蔚然成风,到哪儿能找到亚历山大和他英勇的军队呢?

一些空谈家们认为,假使拿破仑能以一个宗教领袖的身份,率领一支拥有政治信条的军队,并以宗教领袖身份向民族承诺各种远大前景,他就能达成目的。说起来容易,做起来难。有时,政治信条可以支持战争，但单靠教义经典是不能攻占任何地方的，战争需要的是火炮、炸弹、炮弹、火药和枪支。在以这些工具作战时，距离已经成为考虑谋略的重要因素，人们也无法再像游牧民族那样四处迁徙。

时至今日，从基地出发，行军800千米进行侵略，仍是困难重重的。拿破仑对普鲁士的战争之所以能获得成功，是因为他的侵略对象都是与法国毗邻，并以莱茵河为基地的。在拿破仑入侵第一线的，都是一些二等国家，这些国家都倒向了法国。这样，拿破仑就将基地从莱茵河转移到了因河。在对普鲁士的入侵中，拿破仑还利用了乌尔姆战役、奥斯特利茨战役之后普鲁士毫无防护的缺点，以及利用《申布伦和约》[1]对普鲁士施加压力。对波兰的第一次入侵，拿破仑认为自己之所以能取得胜利，主要是因为敌人的犹豫不决。虽然他如此说，我们也不能忽略，他的巧妙计谋以及军队勇猛所起的作用。

拿破仑对西班牙和俄国的入侵，都未取得什么成就，这些作战之所以失败，并非他没有许下漂亮的政治诺言，1808年他对马德里代表团的演讲，以及他对俄国所发表的宣言，都可以作为证明。

至于普鲁士，尽管政府对国内政治秩序充满信心，它也还不至于为了讨好人民而动摇政治秩序，普鲁士政府最终被人民抛弃，是因为大规模作战给人民所带来的伤害，以及大陆计划所需要付出的巨大牺牲。

对法国而言，1815年的教训令它明白，将政治理论作为取得

---

〔1〕奥法战争结束后法国同奥地利缔结的和约——编者注。

成功的一个因素是危险的，这些理论可以掀起风暴，但不能控制风暴的后果。自由主义的说教并不能激发民众的情绪，反而为人民提供了打倒空想家和说教者的武器。

可能有人会指责拿破仑，说他没有满足民众的需求，但拿破仑不会不知道，政治偏见往往会导致混乱和无政府状态，而政治偏见迟早会伴随鼓吹放纵的理论出现。拿破仑认为，为了保住这艘已经失去控制的国家政权大船，在确保民主利益问题时，他已经做得够多了。我们已经离题够远了，还是回到入侵他国的军事问题上吧！

除了因距离远所产生的影响不一样外，只要军队一进抵战区，入侵作战就与其他形式的战斗没什么两样。入侵他国的主要难题就是距离远，因此我们必须了解深远作战线、战略预备队、临时基地的问题。这些问题是有益的，也是在这种情况下必须运用的，尽管运用这些规律不一定能彻底消除一切危险。

1812年拿破仑的作战虽然不幸，但仍不失为远征作战的经典战例。当时，拿破仑的部署：施瓦岑贝格亲王和雷尼耶留在布格河，麦克唐纳、乌迪诺、弗雷德驻守卫德维纳河，贝吕纳驻守斯摩棱斯克，奥热罗在奥得河与维斯瓦河之间留守。可见，拿破仑对基地是很重视的，他已经做了预防措施。从这次战役中，我们可以引申出另一条原理：最伟大的军事行动，也会因为准备措施的规模过大而失败。

如果说拿破仑在这次巨大战役中还犯了什么错误的话，那就是他忽略了政治预防措施：他没有牢牢掌握统一指挥权，在维尔诺停留十天之久，还把右翼部队交给不能胜任之人指挥，以及他对施瓦岑贝格亲王这个奥地利人的信任。至于在莫斯科大火之后，他居然不撤退，就更不用提了。有人说，拿破仑太忽视远距离、各式各样的困难、人员情况，甚至愚蠢地深入克里姆林宫。要公正地评判他，需要去挖掘他为什么不按照之前计划在斯摩棱斯克过冬，而是越过了斯摩棱斯克的原因。公平地说，击败强大的俄军之前，拿破仑是很难在斯摩棱斯克和维捷布斯克之间立足的。

我不想去评判，我甚至怀疑那些自以为有评判权的人是否有那个资格，因为他们没有公正评判所必需的资料。我们唯一能确定的是，拿破仑低估了奥地利、普鲁士、瑞典对他的敌视，他没有得到一个军事大国真诚的支持，以及他过于自信能在维尔纳和德维纳河之间击溃俄军，他虽然料到了俄军的英勇精神，但他低估了俄国的民族精神和民众的毅力。最重要的就是第一点，没有得到一个军事大国的支持，就没有可靠的基地能支撑他进攻俄国这个庞然大物。他将自己伟大事业的基础，建立在自己的国民身上，这些人虽然勇敢热情，却不够坚定，这就意味着他失去了强大的国家基础。另外，他的迟疑也挫伤了战斗激情。

历史上失败的远征，不仅向我们证明了此类战争成功的主要条件，也向我们证明了人在战争中所能发挥的威力。我在第一章就已经说过，若是找不到一个毗邻的强大盟国，为我国提供一个合适的基地，那这就该考虑放弃这次远征。只有依靠这些基地才能事先集中各种物资，使军队进可攻退可守，立于不败之地。

那些想从战略格言中生搬硬套领导艺术的规则，而完全不去考虑政治预防措施的人，是轻率的，他们的行动违背了一切战略规律。我在前文中所提到的，为建立深远作战线和中间基地所归纳的各种预防措施，是唯一能降低危险的方法。另外，远征还需要考虑距离、障碍、季节、国家特点等。

想要归纳出几条能确保远征成功的规律，实在太困难了。在人类几千年历史中，入侵成功的次数屈指可数，而剩下的上百次远征都给人民和军队带来了灾难。总之，远征的判断和计算要精确，取得一定胜利后要懂得适可而止。

陆上远征的情况介绍得差不多了，下面我来介绍下第三种远征——半陆半海的远征。

火炮问世后，半陆半海的远征就少多了，原因可能是，制海权一再易手，最后得到制海权的国家，虽有很多舰船，但没有进行此类远征所必需的陆军。薛西斯经陆路进攻希腊，后面跟着大批舰船；亚历山大从马其顿出发，他的舰队则是沿海岸前进，那种时代已经成为历史了。

虽然我们不曾再遇到这类远征，但如果进行陆上远征时，能有军舰或运输舰船的协助，还是很有利的。不过不能单靠舰船，因为风力对舰船的影响很大，有时风暴能将舰船全部毁掉。

关于海外远征作战，还有一点需要指出，装船和卸船应该从属于勤务和战术行动。关于登陆问题，我会在后面单独阐述。

结论

我已经介绍完了构成作战计划的所有战略计谋，基本上已经完成了我定下的任务。

然而，正如我在本章开头所说的，战争中的大部分作战行动，往往既属于战略问题，又关乎战术问题，前者从作战方向的观点考虑，后者从如何进行战斗方面考虑。所以，在谈到这些既属于战略又属于战术的行动之前，我先要谈谈大战术和交战的问题，讲讲用以实现作战基本原则的规律。这种方法可以更好地理解半战略半战术行动的统一关系。

根据本章所论述的内容，我将在所有战区运用作战主要原理的方法归纳如下。

1. 根据有关与敌人基地垂直的路线原则，利用交战双方作战基地的相对方向可能提供的任何有利条件。

2. 通常，一个战场总有三个地带，需要从中选择一个主要作战地带，而它应该能保障以最小的危险，最致命地打击敌人。

3. 巧妙建立作战线，准确选定作战线方向。在采取守势时，要向1796年的卡尔大公和1814年的拿破仑学习，他们都采用了向心的作战线；或者学习苏尔特在1844年那样选择作战线，确保一条可与边界线平行的退却路线。采取攻势时，可像拿破仑在1800年、1805年、1806年那样，将兵力指向敌人战略正面的一端，或是像他于1796年、1809年、1814年那样，将兵力直指敌人战略正面的中心。这些做法，都应根据双方军队所处位置，以及作战地区和作战线一节所述规律来选择。

4. 正确选择临时战略机动线以及其方向，以保障军队可以随时集中大部分部队作战，同时又可阻止敌人集中部队或相互支援。

5. 部署各战略阵地，巧妙地协调包围敌人重要战略点的大部队的行动。

6. 令部队最大限度地保持活力与机动性，以便将其逐次轮番用于实施突击的要点上，达到以优势兵力各个击破的目的。

快速行军，可加强军队的行动，也可抵消敌人的大部分兵力，当单靠快速行军就能保障胜利时，如果能确保行军方向灵活，那么其功效将增大百倍。也就是说，要取得巨大的战果，必须把这种努力指向战略的决定点,以便致命地打击敌人。但是,并非任何情况下都有这样的决定点,因为并非其他所有点都可以置之不顾。因此,当它为整个战役目的中的一部分时,必须迅速地逐次使用所有兵力去进攻敌军各部,敌军就会被各个击破。若能将迅速用兵和正确选择运动方向相结合,那么胜利的可能性就很大。

当年,从敦刻尔克逐次抵达梅嫩、莫伯日、朗道的40个营,强化了这些地区的兵力,取得了四次胜利,从而拯救了法国。如果能在这些行动中,再加上在战争区正确利用战略决定点的优势,那么这次战役就将囊括机动行军的全部科学,但事实并非如此。这次机动只反映了战略原理的一半,而另一半则是选择最具决定性意义的方向,就像拿破仑在乌尔姆、耶拿、雷根斯堡那样,所有的战略性作战科学都包含在其中。

在国内作战时,需要给军队准备一个最有利的战区,以保障军队占有真正的优势,这也是战略的主要目的之一。关于这点,我不准备再补充了。在具有决定性意义的方向上,要塞、营垒、桥头堡的配置,以及交通线的保卫,都是囊括其中。我已经给出了具体的规则,读者可以轻易地确定这些固定的和临时的交通线和决定点。拿破仑经辛普朗和蒙塞尼斯修筑公路,就是一个很有趣的例证。奥地利人从1815年开始,就一直在利用拿破仑的这些经验,修建了从蒂罗尔通往伦巴第、圣哥达、思普吕根的道路,还设计、修建了几个要塞。

第四章

大战术与交战

在重大政治和战略问题上,相互竞争的两军具有决定意义的争斗,就可称之为交战。战略能使军队指向作战地区的决定点,为交战的胜利做准备,并预先影响交战的结局。但是,交战方往往需要具备战术、勇气、天才、运气,才能取胜。

所以,大战术是巧妙组织并指挥交战的一种科学。大战术的组织指导原则同战略的一样,就是将主力用于能获得最大战果的决定点上,集中对付敌军的一部分。

有人称,交战就是战争主要的、具有决定性的行动。这种观点不够准确,往往有些军队之所以溃败,是因为受一些战略行动的影响,并没有大规模交战,而只是一些小战斗。当然,具有决定性的胜利,也能取代大规模的战略行动,而获得最后的胜利。

一次交战的结局,往往由非战争艺术范围内的各种因素所决定,如采用战斗队形的种类,执行措施的才干,全军官兵对统帅的忠诚,部队的协作精神,部队的冲力、比例和素质,各兵种的优势和运用,以及最重要的——军队和民族的士气。这些因素,都或多或少地决定了交战的结局。这和克劳塞维茨所说的不一样,他说,不采取迂回机动,交战就不能获胜。请恕我不能苟同。扎马战役[1]中，汉尼拔几小时内，眼睁睁看着自己二十年的荣誉与战绩毁于一旦，可西庇阿并未对其实施迂回。那些采取迂回的，也没几人获得成功，不论是在里沃利，还是在斯托卡赫，抑或是奥斯特利茨，迂回都没有成功。从本章后边对迂回机动的论述，读者可以看出，我是绝对不反对为击破或迂回敌军翼侧的机动，我鼓励采取机动。不过，我的前提是，要及时和巧妙地机动。同时，我也相信，要夺取敌人的交通线，并保障自己的交通线，战略机动比战术机动更可靠。

交战可分为三类：防御战，即军队占据有利地形等待敌人而进行的交战；进攻战，即军队攻击处于已知阵地的敌军；预期外的交战或双方行军中的遭遇战。接下来，我们将依次研究这些交战和与之相关的各方面。

防御阵地和防御交战

在军队预期战斗时，必须占领阵地，并构成战斗线。我已经在前文中指出战斗线与战斗队形这两个经常被人混淆的术语的区别。

照我看，战斗线就是军队为占领某一地区，准备战斗而确定的阵地。这种阵地可能是展开的，也可能是由多个纵队构成的。这个定义适用于按照队列命令部署成一线或多线的军队。所谓战斗队形，则是军队实施机动时所采取的部署，如平行队形、斜形

---

〔1〕扎马战役，公元前202年，西庇阿统率的罗马军队在扎马（今卡夫地区）附近与汉尼拔统率的迦太基军队进行的一次作战，这是汉尼拔一生第一次也是最后一次战败——编者注。

队形、垂直队形。

战斗队形是一个新词，但我认为对它下定义以示区分是完全必要的。从这两个概念的本质看，战斗线是防御体系所特有的，因为在防御作战时等待敌人攻击，不知敌人将在什么时候什么地点展开攻击，在此情况下，防御方只能构成不固定的战斗线。相反，战斗队形表示为进行战斗而进行的编组，并预想实施机动，所以较为适合进攻。但是，我不赞成战斗线只能用于防御，因为一方的军队攻击敌人阵地时也可能采用战斗线。同理，防御的军队也可采用各种战斗队形，这是很常见的情况。

当不遵循阵地战体系时，军队往往可以抢先获得一个有利的地点，等待敌人的攻击。这种地点一般有天然屏障，需要预先选定。这个方法适用于，军队的作战目的为掩护重要目标点，如首都、大仓库，以及可控制周围地形的战略决定点等。另外，为了掩护攻城战，也可预先占领这种有利地点。

我在前文已经介绍了一些战略阵地，现在我要介绍一下战术阵地。战术阵地可分为三种。第一种设防营地，即有连续性工事的筑垒阵地，可用以掩护，等待敌人进攻。第二种，即地形险要的阵地，军队在此扼守的目的是争取几天时间。第三种，即暴露阵地，它是预先选定进行防御交战用的。

战术阵地的选择标准，随预期的目标而变化。有一点需要强调：不要过于相信偏见，认为难以接近的阵地最好。这种阵地适合临时宿营，但并非一定对作战有利。事实上，真正坚固的阵地，除了地形险要外，还需要符合既定目的，有利于主力部队行动，而且它的地形障碍要使敌军处于严重不利的地位。例如，马塞纳在阿尔卑斯的阵地，就对他所使用的步兵很有利，如果他的主力是骑兵或炮兵，这个阵地就很不合适了。威灵顿的所有兵力都依靠火力，所以他选择了滑铁卢阵地，从这个阵地上可以控制所有接近的道路。马塞纳的阵地，可以归入战略阵地，而滑铁卢则是战术阵地。

选择战术阵地时，通常应遵循如下准则。

1. 道路比敌人更便利，以便于防御的军队抓住时机攻击敌人，而不利于敌军向防御的军队战斗线靠近。

2. 保证炮兵在防御中发挥最大效力。

3. 地形要便于部队从一翼运动至另一翼，便于主力在有利的点上集中。

4. 可观察到敌人的移动情况。

5. 有便利的退路。

6. 两翼要有良好的依托，使敌军无法向防御的军队的阵地两端顶点进攻，不得不向我中央阵地进攻，或是向我军正面进攻。

这个条件很难达到，假如一支军队以河川、山脉、森林为依托，则一次极小的失利就可能导致全军覆没，这是因为军队被突破的防线可能就是作为防御屏障的障碍。所以，易于防守的工事，要比不可逾越的障碍价值更大。

7. 可在后方设立一个钩形阵地以支撑翼侧。这种钩形阵地是冒风险的，因为它与战斗线相连，限制了部队的移动，如果敌军把大炮设在两条线延伸的交角上，军队就将受到重创。有时候，预备队成纵深序列部署在翼侧的后方，可能会比采用钩形阵地更有利。采取这两种方法，还是要根据地形条件决定。

8. 防御阵地的两翼要设法掩护，正面部分的延伸处要设置重重障碍，迫使敌人向防御的军队的中心进攻。这种阵地对防御方总是有利的，马尔普拉凯战役和滑铁卢之役都证明了这一点。并不一定是大型障碍物，才能达到这个效果，微不足道的帕佩洛特河就是这样，它迫使内伊攻击威灵顿的中心位置。在防御这种阵地时，要注意掩护两翼部队，使其能随时参加战斗。

  我无法否认，这些方法都只是一些苟安的方法，对于采取守势等待敌人进攻的防御军队来说，最好的方法就是抓住时机夺回主动权。

  我要求选择阵地时，要有便利的退路。这就让我们回到滑铁卢之役了，一支背靠森林、后方中部和两翼都有便利退路的军队，一旦交战失败，就会如拿破仑所认为的那样受到致命损害吗？我个人认为，这种阵地比完全暴露的开阔地形更利于后撤，被击溃的部队通过平原，是冒着巨大风险的。当然，如果后撤变成了溃逃，那么森林阵地上的火炮就会成为敌人的战利品。如果能有秩序地后撤，没有什么能比森林提供更好的掩护了。当然，这样的后撤是有条件的，如至少要在后方拥有两条便利的道路，部队要有退却的保障措施，部队不能过分密集，绝不能让敌军在后撤方的翼侧进行任何在后撤方撤出森林之前超过它的运动。曾经，在霍恩林登曾发生过敌军超过后撤方的情况。如果可以像在滑铁卢那样，森林在中心位置后面构成凹形线，后撤就更加安全可靠了，因为有了这样凹形线的森林，就可用作基地，以集结军队，为部队赢得有序撤退的时间。

  当我在谈战略行动时，已经指出军队实施防御和进攻的各种可能性。我认为，从战略角度看，谁掌握主动权，谁就占优势，因为它可以将主力用于决定性点上，对敌军发功突击。相反，谁在阵地等待进攻，谁就处于被动地位，时常遭到攻击，行动上总是会受制于敌人，随敌人行动而行动。我承认，在战术上，上述的有利因素并不是那样有利，因为此时作战地域不大，进攻方无法掩蔽自己的行动，而防御方可以及时发现敌军的动向，利用地形优势发挥精锐预备队的优势。而且，进攻方需要克服一系列地形障碍才能到达防御方的阵地。从这些天然障碍，以及必须攻克的敌人炮兵阵地，再加上部队可能因为敌人的射击而出现的混乱上看，我们就可得知，在战术上攻防双方的利弊差不多是均衡的。

任何一支军队，只待在阵地，等着敌人进攻，久而久之，它终是会被敌人击溃的，如果它充分利用防御的长处，变劣势为优势，它就有希望取得最大的胜利。这是许多重大历史事件所证明了的。哪怕是一位天才将军，只要他专等敌军来进攻，即使他在阵地上英勇抵抗，而无其他改变，只要敌军发起进攻，他就终将会被打败。所以，防御方在等待敌军进攻时，应该坚决地实施机动，将主力放在最重要的点上。

实际上，在等待敌军进攻时，防御方在占领着精心挑选的阵地时，是可以清楚地观察敌人的动向的。由于预先根据阵地地形进行了妥善的部署，为保证炮兵连发挥最大功效又进行了一番调动，所以，敌军就必须付出巨大的代价，才能经过两军之间的中间地带。因遭受巨大损失而被瓦解的进攻方，很少能恢复其原来的优势，因为在它看来已经是强弩之末的对手一旦转入进攻，那么其精神状态即使是最勇敢的军队也不是其对手。

可见，一个将领在交战时，不论采取守势还是攻势，都可能获得胜利，但是，为了胜利，他必须：

1. 不囿于消极防御，要善于寻找机会变守为攻。
2. 具有冷静的头脑和犀利的眼光。

3. 拥有可信赖的军队。

4. 从守势转为攻势时，不能忽略有关战斗队形的基本原理。

5. 选择决定点，并突击它。

关于我总结的这几条真理，你可以从拿破仑在里沃利和奥斯特利茨的战例，威灵顿在塔拉韦拉、萨拉曼卡、滑铁卢的战例中，找到明证。

进攻交战以及各种战斗队形

进攻交战，就是一支军队进攻另一支防守阵地的军队。一支被迫进行战略防御的军队，也常常采取攻击，一支被攻击的军队，也有可能重新掌握主动权，恢复曾经拥有的优势。历史上，这样的战例举不胜举。等待敌人进攻的利弊，我已经在上文中介绍过了。本节，我要专门介绍关于进攻部队的问题。

一般而言，进攻方总是比防御方更具优势，因为它信心强，士气高，目标明确，行动积极。一旦下定决心进攻，就必须确定攻击序列，我称这种序列为"战斗队形"。往往交战开始时，进攻方并没有明确的计划，对敌人阵地的了解也不够准确。但是，在任何情况下，进攻方都必须预先明确，每次交战总有一个决定点，只要正确地运用战争原理，就能比在其他点上更容易获得胜利。必须将力量集中用在这个点上。

我已经说过，决定战场上决定点的因素：地址、军队战略目的与地形条件的结合、交战各方兵力部署。例如，当敌军一个翼侧的战线以及其延伸是以将要交战的高地为依托时，就战术而言，占领这些高地是有利的。但是，也可能会遇到这些高地难以进入的情况；从战略观点上看，高地又恰恰处于不重要地位的情况。在包岑战役[1]中，俄普联军的左翼以波希米亚陡山为依托，而波希米亚当时保持中立，从战术上看，这些山地是战场的决定点，但从战略上看，它并不是决定点，该地的地形是有利于防御的，但是，如果法军从平原攻击其右翼，那么联军通向耐兴巴赫和格尔利茨的唯一退路就被斩断，迫使其向山地退却，从而丧失物质和大量人员。从地形条件看，在这个地区行动比较容易，同时需要克服的障碍也比较少。

我归纳出以下几条原理：

1. 战场上，地形要点并非就是战术要点。

2. 战场上的决定点，不论从战略或是地形上看，它都是有利的。

3. 如果战略点周围的地形并不过于险阻，那么这个战略点通常就是一个最重要的点。

4. 有时决定点的选择取决于兵力部署。如果敌军的战斗线延伸过长，兵力分散，那么其中心往往就是最主要的攻击点。假如敌军战斗线集中，其中心点就可能是最强点，不论它后面的预备队如何，这个点都很容易得到两翼的支援，这时，决定点就应该选在敌军阵地的一个翼侧，兵力占优的话，可同时向敌军两翼进攻，若兵力相等或不占优势，就不能这样。交战的全部计谋全在于如何将主力用于上述三点最有利的一个点上。根据我所做的分析，就很容易选定这种要点。

---

〔1〕1813年5月，俄国将领维特根施泰因统帅的俄普联军与拿破仑的军队在萨克森的包岑城附近进行的一场交战，作者也参加了这次战役——编者注。

除非用战略机动使敌人全线崩溃，否则进攻作战的目的只能是把敌军逐出阵地，或打乱其阵形。将敌人逐出阵地的方法通常有：第一，从敌军正面某一点突破；第二，迂回敌军翼侧，攻击敌人翼侧或翼侧后方；第三，结合以上两种方法，正面攻击敌人的同时，也用一支部队从敌人一个翼侧迂回或包围其阵地。

目的不同，每次作战所选择的战斗队形也不同。战斗队形有以下几种。

1. 平行的战斗队形。

2. 平行的战斗队形，加上一个守势或攻势的钩形部分。

3. 加强一翼或两翼的战斗队形。

4. 加强中心的战斗队形。

5. 斜形战斗队形，或在攻击翼上得到加强的战斗队形。

6. 同敌军一翼或两翼垂直的战斗队形。

7. 凹形战斗队形。

8. 凸出战斗队形。

9. 一翼或两翼成梯次部署的战斗队形。

10. 中央梯次部署的战斗队形。

11. 同时向中央以及一翼进行强大联合攻击的战斗队形。

这每一种战斗队形都可以单独使用，也可以联合使用，与一支迂回敌人战线的强大纵队联合使用。为了辨明每一种战斗队形的优点，需要了解每种战斗队形与一般战争原理的关系。例如，平行战斗队形在平时是最差的一种战斗队形，因为它无须技巧，就是一个营对一个营，毫无战术可言。然而，当一支军队大规模战略行动后，要进攻敌人交通线，切断其退路，并掩护自己退路之时，采取平行战斗队形就很合适。此时，若两军决战，则到达乙军后方的甲军便可采用平行队形，因为甲军在交战前已经完成了战略机动，此时它的目的是阻止乙军突围逃跑。除此之外，平行战斗队形是最为不利的，但这并不是说，采取这种战斗队形，就绝对不能取得胜利。最终取得作战胜利的一方，往往是占优势的一方，因为它往往拥有最精锐的部队，能及时投入战斗，能使预备队巧妙地机动，而且还有好运气。

一翼加钩形的平行战斗队形，多用于防御。当它用于进攻时，这个钩形要位于战斗线前面。当它用于防御时，钩形往往位于战斗线后面。一旦受到攻击，这种带钩队形的部队的处境会很危险。

第三种或第四种战斗队形，在向敌军中央突破时，比第一种和第二种有利得多，也比较符合一般战争原理。但是，在双方兵力相等的情况下，因抽调兵力加强其他各点而受到削弱的部分，如果还是采用平行战斗队形，就有可能失利。

第五种队形，最适合劣势军队用来攻击优势军队，因为这种战斗队形，有利于集中主力攻击敌人战线上的某一点。此外，这种战斗队形还有以下优点：被削弱的一翼，不仅可免受敌人攻击，还可牵制部分敌军，必要时，它也可作为预备队支援作战。腓特烈大帝的莱顿之战，就说明了这种战斗队形的优点。

第六种垂直的战斗队形，是用于指示战术突击方向的理论样式。一般而言，交战双方是不会处于彼此相垂直的位置的。因为如果甲军采取与乙军一翼或两翼垂直的进攻方向，那么乙军就会立刻改变部分战线的正面，反之亦然，即进攻方的一个师位于与敌人一翼垂直的地方，其余部队接近敌军正面，这样又回到了第五种和第十一种的斜形队形。

同时对两翼攻击是很有利的。不过，前提条件是，数量一定要占绝对优势。按照战争的基本原理，应该把较大的兵力集中于决定点上。一支处于劣势的军队，要攻击一支兵力集中之敌，还要从两点同时攻击，是有违基本原理的。

第七种战斗队形，自汉尼拔在戛纳用过后，就被很多人推崇。但我认为，这种队形只能根据具体情况而定。当敌人向我军中心攻击，我军则往后撤，使其被我军两翼包围，这种队形才真正有利。如果交战开始就采用这种队形，敌人就可能进攻两翼，两翼就将遇到麻烦。所以，只有在敌军采用凸出的战斗队形时，使用中央凹入的队形才会有效。

这种中央凹入的队形，可使两翼不过分暴露地梯次前进，并可发扬火力集中的优势。但如果敌军不攻入凹形，而是在远处监视，并集中主力向我军一翼攻击，那么这种优势就荡然无存了。

中央凸出的战斗队形，一般用于，部队刚刚渡河，被迫放弃用两翼凭河掩护桥梁的情况，或是像在莱比锡那样，背河防御作战，以便再次渡河，并掩护部队行动的情况。另外，这种队形可用以对付敌军采用中央凹入的队形。如果敌军攻击我军凸出战斗队形的一端或者凸出部，那么采用中央凸出战斗队形的我军就将失败。1794年，法军在弗勒吕斯采取这种队形之所以获得成功就是因为，科布尔格亲王没有集中主力突击法军的两翼或中心。在埃斯灵之役，以及莱比锡会战中，法军都采取了近似于中央凸出的队形，而且都取得了较为可观的效果。

第九种战斗队形，大致与垂直的战斗队形相同。需要注意的是，如果使两个梯队靠近预备队方向，那么这种战斗队形较垂直战斗队形更有利，因为它可使敌军没有机会扑向我军中心间隙发起反攻。

中央梯次部署的战斗队形，往往用来对付战线中断和战线过长的敌军。此时，敌军中央与两翼隔开而处于孤立状态，被切断的敌军难逃被各个击破的下场。如果敌人战线完整，就不应采用这样的队形，因为此时敌军预备队通常在战线中央附近，其两翼也能支援中央，若是采用这种队形，先头梯队就容易被击败。此时可以采用平行战斗队形，并在中央部署相当的兵力以欺骗敌军，使其无法找到我军的真正突击点，也能阻止敌军两翼从侧面进攻我军中央梯队。劳东攻击本采尔维茨筑垒营地时，就是使用了梯队战斗队形。由于当时守军被困在营垒中，所以，劳东不用担心进攻梯队翼侧的安全。这种队形也有不利的地方，它会使敌人发现我军的攻击点，所以要佯攻敌人翼侧，以掩护我军的真正突击部队。

第十一种战斗队形，把兵力编成纵队，在中央以及一翼进行强大联合攻击。这种队形用于攻击临近的敌军战线更为有效。与其他队形相比，这种队形才是最合理的。一面攻击敌军中心，一面以一支部队迂回敌军一翼进行助攻，防止敌军向我进攻部队的翼侧发起反攻，事实上，这正是汉尼拔和萨克森元帅的惯用战法。敌军不得不同我军全部兵力作战，被击溃的可能性很大。拿破仑就是采取这种机动，才在瓦格拉姆和利尼取得胜利。但在包岑采用这种队形时，由于左翼部队受挫，拿破仑因而未能获胜。

我必须指出，不要教条地使用战斗队形。如果一位将军认为可以纸上谈兵，那么他就是在自欺欺人，在战场上他也将必败无疑。路易十四或腓特烈时代，人们尚可照着几何图形来排兵布阵，那是因为当时部队几乎都是集中的，双方可以对峙数月之久，有充分的时间来组织行军，各纵队也能同时到达。到了今天，所有用绘图工具所绘制出来的队形，没有人敢保证它们不出任何差错，因为今天的军队的机动性大大提高了，所以，上述这些队形只能大致用于表示部队的部署和体系。

如果一支军队能像一块固体物质一样，随着一个人的指挥，依照他思想的变化而迅速运动，也就是说，可以毫无顾虑地机动，那么取胜的关键就在于如何选择最好的战斗队形了。但事实并非如此，战术上最大的困难，就是协同参加攻击的独立部队的同时行动，以争取预期的胜利，更确切地说，就是如何实施主要机动的问题。

统帅的命令传达不准确，下属军官对命令的执行和理解有偏差，一些人有勇无谋，一些人缺乏斗志和勇气，等等，都可能妨碍军队的协同行动。还有一些意外情况致使部队无法按期到达，就更不用说了。

由此，我得出两条无可辩驳的真理，第一，具有决定性的机动越简单，成功的把握越大；第二，战斗中随机应变的机动，往往比事先预定的更容易成功。滑铁卢之战和包岑之战，都证明了第二条真理。当比洛和布吕歇尔抵达弗里舍尔蒙高地，法军就无法逃离失败的噩梦，继续作战意味着失败得更彻底。包岑之战也是如此。当内伊进抵克里克斯后，后撤是联军唯一的选择，如果再晚一点后撤，而比洛又采纳了别人的建议，那么联军的下场会更惨。

关于突入敌军战线的机动问题，如果想要与派往同一战线的其他部队协同作战，绕过敌军翼侧，进行大规模迂回，以这种方法获得成功的可能性值得怀疑。因为这要求计算分毫不差，各纵队严格执行命令，而这是很难做到的。

除了上述的能否准确部署事先预定的战斗队形外，还有一个问题，那就是进攻方虽然早就预期交战，但是开战时却没有一个明确的攻击目标。之所以出现这种情况，原因可能是：交战前一些事件的影响；对敌军位置和作战部署不明；需要等待其他部队的到达。

据此，很多人就说，把所有的战斗队形归纳成几种体系是不可能的，采用某种战斗队形对交战的结局也无任何影响。对此，我坚决反对，这太荒谬了。在双方均无明确目标的交战中，双方在行动之初都可能采取近似平行的战斗队形，并加强战线上的某些点，不知道敌军将从何处发起进攻的防御方，会将大部分兵力作为预备队，以备使用；进攻方，则会在开始时竭力集中大部分兵力，将其投放在最需要的地方作战。但是，进攻方一旦确定了攻击点后，其主力就有明确的方向。不论如何，战斗部署总是随着具体情况的变化而与上述十一种队形大致接近，甚至是在两军不预期的遭遇战中，也不例外。所以，将各种体系或战斗队形分类，并非空想，也绝非无益。

拿破仑的一些战例，就足以证明我的这个论断。例如，在里沃利、奥斯特利茨和雷根斯堡，拿破仑都将主力集中在中心位置，等待时机进攻敌军战线的中心；在埃及金字塔附近，拿破仑又将部队部署成沿斜线的梯次方阵；在埃斯灵、莱比锡和布里安，他采用的队形近似凸出战斗队形；在瓦格拉姆，他采用了第十一种队形，将军队的两部分分别部署在右翼和中心；在博罗季诺和滑铁卢，他也曾想在普军到达之前，重复这种队形；在艾劳，拿破仑一方面垂直包抄敌之左翼，一面试图突入敌军战线中心，但攻击不是同时进行的，法军向敌线中心的攻击于上午11时被攻破，而对其左翼的攻击直到下午1时才发起；在德累斯顿，他用两翼进行攻击，用一个要塞和营垒来掩护中央，他的左翼攻击还得到了旺达姆的助攻，旺达姆攻击了联军的退路。

据说，拿破仑曾说过，他因为在马伦戈采用了斜形战斗队形，并将自己的右翼部队放在卡斯泰尔切里奥洛，才避免了失败。至于乌尔姆和耶拿之战，由于交战前战略已经赢得了胜利，而战术未能起到多大的作用。

由上面所述的战例，可以得出一个结论：若想在地面上像在图纸上一样，画出战斗队形是愚蠢的。一些将军仍然可以参考这些队形，因为借助这些图形，他可以采用一些近似的方法来部署自己的作战部队。在进行部署时，他必须正确判断出战场上的决定点；为此，他需要研究和判断敌军战线的位置及对其有决定意义的战略方向的关系。选择了决定点之后，他要将全部精力放在这个点上，我建议，用三分之一的兵力监视和牵制敌军的行动，将三分之二的兵力投入到这个决定点上。只要照此步骤，他就符合了大战术对将领的要求，他也才能以最完善的方式应用战争原理。至于如何选择这种决定点，我已经在前文中指出。

接下来，我想对蒙托洛出版的拿破仑的回忆录中关于战斗队形的一些说法，进行回答。

拿破仑似乎认为，斜形战斗队形是一个现代概念，并且难以实行。对此，我表示反对，因为从底比斯人和斯巴达人起，斜形战斗队形已经出现了，而且我也曾亲眼见人们在战场上使用过它。我之所以表示惊讶，是因为拿破仑刚吹嘘他在马伦戈运用这种队形取得了战绩，在这里他又否认斜形战斗队形的存在。

我要重申，战线不是一个完美的几何图形，人们之所以在讨论战术时使用这种图形，只不过为了形成概念，用象征的图形来解释它而已。有一点可以肯定，同敌人战线既不平行，又不垂直的，一定是斜战斗线了。因此，如果我军只攻击敌人一端，一面强化进攻一翼的兵力，一面将兵力受到削弱的一翼后撤，那么我军的战斗队形在一定程度上就形成斜形战斗队形。斜形战斗队形并非幻想，只要一翼成梯次的战斗队形，都是斜形战斗队形，我就见过不少这种梯次部署的队形用于战场。

关于几何图形的研究就到此为止了。我必须承认，交战的真正科学理论，应该是以下所归纳的原则。

1. 一个进攻的战斗队形，要用一切合理的方法将敌人从阵地上赶走，这是它的目的。

2. 战争艺术中的机动，即只在一翼压倒敌人，或在中央或一翼上同时压倒敌人。采取迂回包抄敌人的机动，还可迫使敌人退出原有阵地。

3. 攻击之前，如果机动能不被敌人发现，则获得成功的可能性就更大。

4. 兵力不占优势，而同时攻击敌人中心和两翼，是违背战争原理的，除非进攻方能在不危及其他点的前提下大力强化一点上的攻击。

5. 斜形战斗队形，其目的是至少能使用一半兵力攻击和压制敌人的一翼，同时又要使其余兵力免遭敌人突击，这就成了梯次配置或斜线配置。

6. 凸出、凹入、垂直等战斗队形，都可作两种部署，或平行进攻，或强化兵力进攻敌线一部。

7. 由于防御要竭力阻止敌军的攻击，所以防御战斗队形的部署目的是，使进攻的敌军难以接近其阵地，并隐蔽强大的预备队，以便在决定性时机和地点上攻击敌人。

8. 没有绝对的最好的方法，来迫使敌人放弃其阵地。任何战斗队形或部署，只要能发挥其火力优势，有利于攻击和鼓舞士气，这就是最完美的战斗队形。若能将展开的战线，在合适的时机与逐次投入战斗的纵队巧妙结合，这也是一种好办法。但是，这种方法受统帅的眼力、官兵的士气、人员的机动和射击能力，以及当地地形等情况的影响很大。

9. 追击敌军、直捣其阵地、切断其兵力，是进攻的主要目的。为此，应将主力作为最可靠的手段。较为有效的捷径是，对离其后撤线最近的敌军一翼实施迂回，这样敌人就会因害怕退路被切断而主动退却。

历史上这样的例子很多，尤其在统帅意志不坚定时更为有效。虽然这种机动获得的胜利，往往不太具有决定性，也不会给敌人的实力造成多大的损失，但是这种机动可以说明，精明的将帅应该善于将这种机动和其他有生力量的攻击巧妙地结合使用。

10. 若能一面以主力从正面攻击，一面又从敌军翼侧迂回支援，那么获胜的把握就更大。但是，如果正面之敌过于强大，就要注意避免兵力的分散。

11. 当采用主力突入敌线以迫使敌人后撤的方法来夺取敌军阵地时，通常的步骤为：首先以优势炮兵的火力撼动敌军；继而出动骑兵制造混乱；最后派出步兵，前以狙击兵开路，侧以骑兵为掩护，猛攻已动摇的敌军战线。以这种配合攻下敌军第一线后，还要准备第二线机动，乃至对其预备队的进攻。此时，攻击任务变得更为艰巨，因为敌人第一线的失败，并不能导致其第二线的退却，也不会使其预备队指挥官丧失斗志。

事实上，进攻方初战获胜也会发生某些混乱。想要用二线部队来替换他们是很困难的,因为第二线部队总是跟不上主力的速度,而且在敌人集结重兵准备反击时,用一个师来替换一个师是很难做到的。

而守军如果能履行自己的职责,保持高昂的士气,如果翼侧和退路还是安全的,守军就有机会反击。守军需要准确而迅速地利用时机,用第二线部队和骑兵攻击敌军各营,如果抓不住这个机会,它的下场就和第一线部队一样。

12. 针对第十一条,我得出:要想获得成功,最可靠、最困难的方法,就是要善于使用第二线兵力支援第一线,使用预备队支援第二线,准确地运用骑兵和炮兵部队,以协助和支援友军对敌军第二线的攻击。这也是一切战术问题中最麻烦的。越是紧要关头,理论越是难以琢磨,因为单靠理论是不够的,我们更需要的是一位久经沙场的、勇敢沉着的将军在战争实践中所体现出来的天才和洞察力。

同时运用各兵种以发挥最大联合力量,是每个将军在战斗中的决定性时刻所亟待解决的难题,也是确定他行动的准则。在决定性时刻,双方都在倾尽全力为最后的胜利搏斗,为了使这种决定性的突击更有成效,可同时攻击敌军的一翼。

13. 火枪在防御中的效能比在进攻中的大,因为在进攻时,为了夺取一个阵地,关键在于行进,射手同时做行进和射击两个动作是很难的,这种方法千万不要用到主力身上。防御者的目的是打乱和击溃向其进击的敌军,所以,其第一线应该由炮兵和火枪手组成,当敌人逼近第一线时,第二线和部分骑兵应该攻击突入之敌。这样,击退敌人的可能性就更大。

我不打算再涉及那些超出本书研究范围的理论问题。对于交战问题，我已经讲得够多了，关于三个兵种的编制和使用问题，我将在后文中介绍。

至于战斗队形的使用和编组问题，我向大家推荐泰尔涅伯爵的著作，他已经讲得够透彻了，他的这本书是法国迄今为止的最好的一本战术著作。

交战中的迂回机动和过大规模的运动

我已经在上一节中谈过交战时为迂回敌人采取的机动，以及这种机动的好处。我要强调一点，这种机动优势规模过大，会妨害制定好的计划，甚至使其失败。

军队的任意移动，只要延伸过远，就能使敌人赢得时间分别击破其一半兵力，这种移动是一种孤立而危险的移动。但是，此举危害的大小，还取决于敌人的洞察力，以及敌人所使用的战法。这就不难解释，为什么同样采取迂回运动，有人能成功，有人却会失败；为什么腓特烈、拿破仑、威灵顿即使延伸过远，也能获得成功，而有的庸才，遇到这种情况，要么不能机敏地夺回主动权，要么就什么都不做，结果必败无疑。

由此可见，想要确定一条绝对的准则是非常困难的。只有一个办法，那就是紧握主力，在合适的时机使用，同时也要注意避免极端，不要将主力过分集中。这个办法，能应付任何事变。如果敌军主将毫无洞察力，而且又主张过分延伸的迂回运动，那么就可以大胆地采取行动。

历史上不乏同类的史例，可以证明，作战的将领和军队不同,此类的机动也将产生不同的结果。

七年战争中,腓特烈之所以能在布拉格获胜,源于奥军在右翼和余部中间空出来一块千余米的空地,当其右翼被击溃时,余部居然按兵不动。尤其让我感到惊讶的是,本该支援右翼的奥军左翼,要比腓特烈进攻奥军右翼的距离近得多。

在另一次战役中,腓特烈全军在托尔高险被歼灭,因为他在试图迂回道恩的右翼时,自己的左翼部队行动范围过宽,兵力极为分散。幸好,他的右翼部队进行向心运动,与莫伦道尔夫会合,腓特烈才转危为安。

里沃利之战是这种古典机动作战的典范。阿尔温齐和其参谋长魏罗特尔,企图在里沃利高原合围在这里集结的拿破仑军队。拿破仑的左翼被挤在阿迪杰河河谷,而吕西尼扬企图迂回合围,用右翼攻击法军后方时,结果反被法军合围,其中央也被击败。我曾对此次战役发表不少文章,可以作为研究此类交战的参考。

没人能忘记,儒尔当曾经想要三支相隔数十千米、各有七八千人的部队,去攻击一支6万人的集中军队,而这时候圣西尔率领万余人兵力在敌人右翼,攻击敌人的后方,在此情况下,这支大军焉有不胜之理?它轻松地击败了松散的法军,并打算全歼企图迂回的圣西尔军,圣西尔居然逃脱了,真是奇迹。

也没人能忘记,魏特罗尔如何不顾及经验教训,企图在里沃利迂回拿破仑。当时联军为了包抄拿破仑的右翼,以切断他退向维也纳的退路,竟然绕道,致使出现了约2千米的空当。拿破仑抓住这个机会,攻击对方孤立的中央,之后转而进攻在特尔尼茨和梅尔尼茨湖之间的联军左翼。

大家也都还记得,威灵顿是如何利用类似的机动赢得萨拉曼卡之战胜利的。当时，马尔蒙企图切断威灵顿通向葡萄牙的退路，致使自己左翼出现了约2千米的空当，而威灵顿正是利用这个空间，一举击溃被孤立的敌军左翼。

我的观点是，在攻击惯于密集联防的敌人时，迂回机动和战线上的空间会带来各种危险。为此我不打算再增加战例了，这对我刚才所叙述的内容没什么补充的。

如果在里沃利和奥斯特利茨的是魏特罗尔和儒尔当作战，那么魏特罗尔很可能击败法军。要知道，魏特罗尔这位曾经在斯托卡赫指挥四支小部队去攻击一支6万人大军的将军，可能不善于利用这种迂回机动。马尔蒙也差不多，当他在萨拉曼卡遇到了经验丰富、眼光锐利的威灵顿时，他没多大机会取胜，如果遇到的能力稍次一级的对手，如穆尔，他获胜的机会就很大。

近来迂回机动作战的战例中，滑铁卢和霍恩林登之战所取得的战绩最为辉煌。滑铁卢之战，几乎是战略机动，又有鲜少出现的有利条件的助力。霍恩林登之战，在我所知道的战例中，是独一无二的，一个被派往森林的旅，在5万敌军密布的地区，居然创造了奇迹。

瓦格拉姆之战的胜利，很大程度上也是实施迂回的达武[1]的功劳。但是，要是没有麦克唐纳、乌迪诺、贝尔纳多特[2]对敌军中央的攻击，结局可能就是另一番景象了。

在看我介绍了这么多战例后，有人可能会说，关于这个课题根本无法提出任何准则来，我并不这样认为，至少下述情况是非常明显的。

---

[1] 路易斯·尼古拉·达武（1770—1823），奥尔施泰特公爵，埃克米尔亲王，法兰西第一帝国二十六元帅之一——编者注。

[2] 贝尔纳多特（1763—1844），法兰西第一帝国元帅，后成为瑞典即挪威国王——编者注。

1. 如果可采取严密、连续的战斗队形，那就能应付各种情况，但是，必须对敌人进行准确的分析，以便针对敌人的特点和部署采取相应的措施。

2. 如果面对的是兵力相等、指挥官能力相等的军队，应该慎用机动。

3. 对敌军一翼迂回包抄时，应有其他兵力的支援以及其他方面的配合，做法是，指向敌军正面，或攻击准备迂回我军的敌军翼侧，或攻击敌军正面的中央。

4. 实施战略机动时，不忘在交战之前就切断敌军交通线，保证自己退路的安全，且要避免在交战中作任何分散的移动。

两军行军遭遇战

接下来，我们将研究不预期的交战，这是战争中最富戏剧性的行动之一。

一方预先占领阵地，然后等待敌人前来进攻，另一方则在详细侦察该阵地后发起攻击，这是大多数交战的惯有模式。但是，在采用现代作战方法时，两军相向进军，都企图攻击对方，但彼此都不了解对方的意图，于是就出现了以下情况：双方在预料不到的地点遭遇，双方都会遇到各种意外情况。我们也能看到这种情况的发生，一方找机会奇袭对手，而另一方则在行军中有意引诱敌人发起攻击，如法军在罗斯巴赫的情形。

越是这种情况，越是考验将领的才智，也正是在这种情况下，才能体现军事统帅的特质，吕岑、吕察拉、艾劳、阿本斯贝格等地的胜利，就归于主帅的顽强意志以及才智。但是这种交战，往往会出现依靠部队英勇善战获胜的情况。

这种遭遇战的偶然性太多，所以不容易拟定出一些固定的准则来，不过，正是在这种情况下，才更需要深刻地了解战争艺术的基本原理及使用方法，以便组织各种有效的机动。我在前文中所指出的关于不预期机动的原理，可谓是针对这种不预期情况所能提出的唯一准则。只要把这些不预期的情况，同双方的体力和精神状况结合考虑，就可以了。

两军携带一切宿营设施，在行军途中不期而遇时，毫无疑问的，最好的方法就是将前卫兵力在自己行进道路的右方或左方展开。同时，每方都要集中主力，根据各自既定目标投入兵力。如果将全部主力部署在前卫部队的正后方，当敌人对前卫部队发起进攻时，就会使尚在运动中的我军主力陷入混乱。在现代作战体系中，军队快速性提高了，可沿着几条道路前进，组成独立的几个集团，这种混乱通常不可怕。

总而言之，行军时，首先要确定和建立前卫部队；其次是根据既定目标，将主力集中在适当的点上。这样，不论敌人采取何种机动样式，我军都能应付自如。

突然袭击

本节所要探讨的，不是游击战或轻装部队的小规模奇袭，也不是俄国和土耳其轻骑兵最拿手的那种小规模奇袭，而是整支军队所实施的出敌不意的袭击。

火器尚未发明的时代，实施奇袭非常容易。现在，人类发明了枪炮，从远处就能听到枪炮声，全面奇袭几乎不可能成功，除非你的对手，是一支没有前哨警戒的、不执行野战勤务的部队。七年战争中，曾在霍赫基希发生过一次令人难忘的奇袭，这是一个值得我们思考的战例。这次奇袭说明，要对戒备不严之敌采用突然迂回的方法，对敌人一翼发功攻击。事实上，奇袭不仅要求对孤立分散在帐篷里的敌人进行攻击，还要在敌人反应过来之前，就将大部队投向攻击点。

自从军队不再用帐篷设营后，奇袭就更少、更困难了。因为要实施奇袭，必须准确了解敌营的布置。虽然，在马伦戈、吕岑、艾劳曾发生过类似出敌不意的袭击，但那些只能算是意外的攻击，从本质上看，完全不属于奇袭。

我唯一能举出的大规模奇袭，是1812年贝尼格森对缪拉发功的攻击。缪拉为自己辩护，他相信了默许的停战协议。事实上，当时并未存在任何类似的协议，他的疏忽大意才是犯下大错的主要原因。

奇袭一支军队的营地的最好时机，是在拂晓的时候，在这时候奇袭敌人，一定会使其惊惶失措，而预先对地形的了解，也有助于攻击部队保持一定的战术和战略优势。对于这种作战行动，应该给予重视，但是，这种胜利，是无法与在进入战斗之前就能保障胜利的大规模战略行动所取得的辉煌战绩相提并论的。

既然能利用一切机会出敌不意地攻击敌人，同时也要注意采取预防措施防止敌人突袭，关于这些预防措施，则要遵循各国制定的各种规定，并正确执行。

攻击要塞、筑垒营地或筑垒线，一般性突然袭击

一、攻击要塞、筑垒营地或筑垒线

对于那些筑垒城市的攻击，同筑垒营地的攻击方法一致，都属于突然袭击的范畴。

这种攻击可能会因为以下几种情况而存在差异：筑垒工事的强度；地形条件；它们与其他筑垒工事有无联系；双方官兵的士气。

历史上不乏能说明各种类型攻击的战例。例如，攻击克尔、德累斯顿、华沙等筑垒营地，对都灵、美因茨筑垒线的攻击，攻击费尔德基尔希、沙尔尼茨、阿西耶特等强固筑垒工事。

可用于攻击野战筑城的战术措施很少。对一个分散孤立的哨所采取拂晓前攻击的战法，是可行的，但是这种战法不太适用于大筑垒营地，因为一个大筑垒营地不高度警戒的情况是少之又少的，况且天亮后，营地内的军队都做好了战斗准备。不过，我们可以针对这种战法，提出几条建议：

1. 首先使用炮兵压制城内敌军火力。[1]

2. 准备好部队所需要的一切攻城器材。

3. 可用三个小型纵队进攻，派遣狙击手支援，还需要在距离适当处部署预备队，以便支援攻城纵队。

4. 利用地形掩护军队行动，避免其过早暴露。

5. 必须给主力纵队明确的指示，确定攻破第一个工事之后的

---

[1] 还有一个好处是，此举可以动摇城内防御部队的士气——作者注。

下一步行动。

6. 如地形条件允许，还需为主力纵队指定骑兵部队。

除了这些应注意的事项外，还应注意，一个支队从背墙迂回敌军时，应尽快把部队投入攻城任务中，因为稍有迟疑，就会造成极其严重的后果。

此外，关于攻城的训练方面，攀登筑城和攻击筑垒哨所，应得到重视。近来，弹道学对攻城有所启发，我希望，攻城人员能探索出一种用轻便的机械反制野战壕沟和攀墙的方法。

在我熟悉的种种部署中，对华沙和美因茨的筑垒阵地的攻击部署，尤为完美。这次攻击，帕斯克维奇和他的攻城部队建立了功勋。至于这方面的反例，莫过于1813年对德累斯顿的部署了。

此外，我们还可以从1758年对马翁港和1747年对贝尔戈普措姆的强攻中，得到一些教益。这两次强攻，一改先前的围攻失败，而变成了出色的奇袭。对布拉格、奥恰科夫、伊兹梅尔的强攻，虽然城墙是土质的，而且部分已经坍塌，但是能完成这些攻击，已经很不容易了。

连续不断的筑垒线，看似比孤立工事更强固，但实际上却更容易被攻破。因为这种筑垒线长达数十千米，根本不可能阻挡敌人从某一点上的攻击。我在《法国大革命战争史》中就提到的对美因茨和维森堡筑垒线的攻击，以及尤金亲王1706年攻陷都灵筑垒之战，都可以为此课题提供不少值得研究的材料。

虽然都灵之役已经世人皆知，但是，我却不得不指出，从未有这样以如此小的代价，获得如此大的胜利的战例。这个战略计划令人惊叹，从阿迪杰河经皮亚琴察再沿波河向阿斯蒂的行军，是经过慎重选择的绝妙运动。都灵一役，幸运之神帮了尤金亲王大忙，他完全不用为拟订计划而担心，只需要率领3.5万联军从8万法军的驻地和阿尔卑斯山脉之间穿过即可。这一次大胆的行军，他把军队分成两线共八个步兵纵队，命令他们夺取筑垒工事，并在其中打通道路，以便其后跟进的骑兵纵队能突入敌军营地。尤金亲王选择了敌人工事的一个极其脆弱的点，这里连普通守军士兵的身体都无法掩护。

现在我们回到原来的话题，即有效的攻击筑垒线的方法。如果筑垒线很强固，强攻就很危险，这时可以采取从翼侧迂回它的方式，或者是对其后方实施战略突击。相反，如果条件适合强攻，那就应该在一个翼侧选择攻击的点。总之，此时此地，将帅应该根据地形和敌我兵力对比采取适宜的方法。

实施攻击时，除了采取惯有的攻击筑垒营地的措施外，没有别的更好的方法。这种筑垒工事，往往有突出部分和永久性工事，很难用云梯攀登，除非是那些年久失修的土质工事，如伊兹梅尔、布拉格、斯摩棱斯克等。在斯摩棱斯克，内伊的攻击被帕斯克维奇挡住了，帕斯克维奇当时在堡垒前面的壕沟里指挥部队作战。

如果敌军的筑垒线依托大河，面对这样的筑垒线，我军想要在一翼发起攻击，是有些冒险的。因为敌军靠近中央位置集结兵力后，就能击溃我军在该河和敌人主力之间前进的纵队，我军将难逃覆灭的结局。有时，这种行动也能收获成效，这种情况多发生在退至筑垒线后面的敌人不想重获主动权之时。敌军官兵只想躲在掩蔽所苟且偷安时，他们就已经失败了，工事失守了，这样的官兵想的可能不是反攻，而是逃跑。

关于筑垒营地和筑垒线的防御原则，第一条，就是要在两翼和中央之间部署强大的预备队，更确切地说，就是要在左翼的右端和右翼的左端之间部署预备队。这样就能快速地援助正面被突破的区域。我认为,这样的预备队,两个就足够了。

第二条,当敌人从某点突破时,守军要保持士气、头脑清醒,要坚信,只要能在适当的时机把预备队投入到适当的地点,仍有机会获胜。担任防守壕沟和护墙任务的部队,要严格按照平时的操练行动。

遗憾的是,还没有一本关于步兵在围攻战和筑垒线攻击中的勤务细则方面的专业书籍。

二、一般性突然袭击

突然袭击,是一支部队为夺取某个重要地点而采取的果断行动。突然袭击包括:突然性,以有生力量实施攻击。两个方面缺一不可。从形式看,这种行动属于战术范畴,但是这种行动的价值,又由要攻占的目标与作战行动的战略意义的关系决定。所以,我在后面研究支队问题时,还会再涉及突然袭击方面的问题。虽然,重复使人不快,但我不得不从实施的观点出发,谈谈突然袭击,因为突然袭击的实施,也属于攻击筑垒工事的范畴。

突然袭击有时能取得十分重要的战果,1828年,锡济波利被攻陷;1796年,彼得拉什攻击克尔失败;法军1702年对克雷莫纳攻击、1704年攻击直布罗陀、1814年攻击贝尔戈普措姆;等等,都是各种突然袭击的战例。这些袭击的结果,有的靠进攻的突然性,有的靠有生力量的攻击。突然袭击行动取得成功的必要条件是进攻方要机智、灵活、有计谋、具有无畏精神。

在现代战争中,攻陷一个地势要点,其意义已经大不如前,除非攻陷这个点,能在战略上取得优势,从而影响战役的结局。

以下这些行动都可以支援担任突然袭击任务的支队：攻占或摧毁一个筑垒桥梁；攻破一个大的辎重队，攻破一个掩护重要通路的工事，夺取敌人的给养库或弹药库等。

关于这些行动，我能提出什么准则来呢？云梯攻城，突然袭击，恐怖手段，都不可能受准则的制约。部队在攻城时用各种手段，如用麻袋将壕沟填平，有的使用梯子，有的为士兵准备防滑钉用来攀登陡壁，还有的像尤金亲王一样利用污水管道进入工事。从这些事件中，找不到什么万灵丹，我们需要仔细思考，思考别人的成功经验如何为我所用。一个聪明好学的军官，如果能把那些有趣的突然袭击编成一本专著，那该多好啊！这不仅有益于将领，也有益于每一个参与攻城的士兵，在这种合作行动中，往往靠一个人的智慧就能获得成功。

我已经把突然袭击和整体作战的关系指出来了，我的任务已经完成了。我希望读者能回顾一下我在本节开始时提出的攻击野战筑垒工事的方法，它是与利用有生力量进行突然袭击有一定共同之处的唯一的军事行动。

第五章

战略战术性混合作战

钳形攻击与大支队

一支军队在战斗时,可能需要支队执行某些任务。这些支队很可能成为决定战争胜败的重要因素,支队的建立,也就成了战争中极为重要又特别微妙的问题。

一个强大的支队,如果应用得当,及时加入战争,则能产生重大作用,反之,则是莫大的危险。腓特烈大帝认为,为帅之道最重要的能力之一就是要善于促使敌人组建这种支队,然后一举歼灭它,或者乘虚攻击敌人主力。

过多地派出支队,往往会产生相反的效果,因而很多人认为,不派支队也可以。如果总将军队集中在一起,当然能给人以安全感,但是,在为了达到预期目的而又需要派出支队时,就应该果断地派出,只是要注意,派出的支队数量不能过多。

这种支队通常有以下几种。

1. 由几个军组成的大支队,钳制攻击远离敌军主力作战地区的某要点。

2. 掩护主力作战地区的要点,以及担任围攻任务、警卫次要基地、保卫受威胁的作战线。

3. 为作战正面组成的大支队，直接配合主力。

4. 在相当距离上派出的小支队，担任突然袭击某些据点的任务，如果行动成功将对战局产生影响。

钳制攻击是在战区边缘采取的辅助行动，远离主要作战地区。有人却认为，钳制攻击是获胜的灵丹妙药。他们认为的这种钳制攻击只有在以下两种情况才是可行的：被派出的这个支队，由于距离太远，不可能用于其他地方；被派出的这个支队能在当地获得人民的大力支持，这应该属于政治范畴。

1805年，拿破仑占领那不勒斯和汉诺威，反法联军决定将他赶出意大利和汉诺威。为了实施这两个离心远征，联军共派出了近6万人。正当联军向欧洲的两端集中时，拿破仑却将他的部队全部撤出了那不勒斯和汉诺威，他的将领圣西尔与马塞纳在弗留尔会合，贝尔纳多特离开汉诺威，前往乌尔姆和奥斯特利茨。之后，拿破仑又毫不费力地再次占领了那不勒斯和汉诺威。这就是钳制作战失败的战例。

接下来我要举一个钳制进攻取得胜利的战例。1793年，法国内战时，如果联军能派出一支由2万精兵组成的支队在旺代登陆，那将会比在土伦、莱茵河上、比利时所进行的毫无战果的攻击有效得多。钳制攻击在某些时候，可能会起到决定作用。

我已经说过，在主力部队的作战地区，人们也经常采用大支队作战。即使对这种大的独立支队使用不当时所产生的危险要大于不利的钳制攻击，但是，如果使用得当，这种大支队执行辅助任务往往是有益的，有时也是完全必要的。

这种大支队主要分为永久性的和临时性的。永久性的大支队所处的方向，有时候往往与主力战线方向相反，并将在整个战局中都在该方向上进行机动。临时性的大支队，经常用于对某个战役施加影响。

第一类支队中，首要的是独立部队，它的任务是用于组建战略预备队，或者是掩护有可能遭受敌人攻击的作战线和退却线。例如，当俄军想要越过巴尔干山脉作战时，他们一定会留下一部分兵力，执行监视舒姆拉、鲁什丘克和多瑙河谷地的任务。这说明，某些情况下，难免要有一个双重的战略正面，这时候派出一个相当兵力的支队，可用来对付留在后方的部分敌军。

当法军渡过阿迪杰河后，想要保持蒂罗尔和弗留尔双重战略正面时，他们不论向哪一面实施主要突击，都必须向另一面派出一个可阻挡敌军的支队，否则敌人就有可能切断他们的交通线。西班牙的边境，也为西班牙提供了建立双重战略正面的便利条件，一个正面掩护直达马德里的道路，另一个则可以萨拉戈萨或加利西亚为基地。无论想向哪一方面机动，都必须在另一面留下一个支队，兵力应不少于敌人在此方向的兵力。

对于这种情况，战场越扩大越有利，支队的速度越高越有利。拿破仑在1797年的战局，就是这个结论的最佳诠释。当拿破仑向诺里克阿尔卑斯山移动时，他不得不在阿迪杰河河谷留下一个1.5万人的支队钳制蒂罗尔，但他冒着被切断退却线的危险，也要将这个支队抽去协助主力作战，原因就是他不愿意将部队对分成两半，以免被各个击破。他坚信，只要兵力集中，就能获得胜利。他认为，在自己的兵力集中后，敌人的支队对他的交通线的暂时攻击不构成太大的威胁。

组建大型快速临时支队的目的为：

1. 威胁敌人作战线，迫使其退却，或掩护已方的作战线。

2. 截击敌军一部分，阻止它与主力会合，或者保障己方增援部队的集结。

3. 监视和钳制大部分敌军，同时突击另一部分敌军。

4. 拦截敌人运输给养物资的大型车队，掩护己方的供应运输车队顺利到达目的地。

5. 声东击西，诱使敌人向另一方向运动，以保障在目标方向上的作战获得胜利。

6. 攻击或围攻敌人大要塞时，堵截和围困要塞内的敌军。

7. 当敌人后退时，在其退却线上攻占一个重要据点。

不管这些目标多么诱人，都必须承认，这些只是次要目标，还是要把主要精力放在决定点上，所以要避免派出过多的支队。须知，分散兵力是兵家大忌，历史上，不少统帅都曾因为未能集中使用兵力而失败。

例如，彼得大帝曾使用一个加强支队，歼灭了由莱文豪普特指挥的一个庞大车队，从而掀起了歼灭查理十二的序幕。维拉尔曾击败了由阿尔贝马尔大公率领的那个强大支队。在围攻奥尔米茨时，由于供应纵队被对手消灭，腓特烈大帝不得不放弃摩拉维亚。1760年，在兰茨胡特的弗凯支队和1759年在马克桑的芬克支队都证明，派遣支队是难以避免的，而且派遣支队也难免会遇到危险。

而旺代在库尔姆的惨败，更证明，不要冒失地使用支队。派遣支队，应该是经过深思熟虑的，而且必须给予支队支援。芬克支队，正是因为未获得支援而被歼灭的。

在主力作战地区采取钳制攻击，如果能将敌人吸引到我军所期望的点上，同时又能使我军在另一点上集中主力，依照计划实施决定性突击，这种钳制攻击就是很有利的。这时，不但要令诱敌的支队避免与敌人真正交战，而且要让它尽快支援主力作战。

1800年，莫罗派出左翼部队从克尔向拉什塔特前进，自己率主力直扑斯托卡赫，为的就是掩护自己的主力。结果，左翼部队在预定点上露面后，就经布里兹高返回主力的中心位置。

1805年，拿破仑占领维也纳后，派贝尔纳多特前往伊格劳，为了震慑波希米亚，对费迪南德大公在当地集结的军队施加压力，他又派支队进攻普莱斯特堡，威逼匈牙利。之后，他再将这些部队调回布尔诺，支援在当地的决定性突击，最终大获全胜。

从这些战例中，我们可以看出，对于这些情况多变的机动，是很难归纳出绝对准则的。因为这类行动的成功，还受其他各种因素的影响。我已经说过，唯一能确定的准则就是，尽可能少地派出支队，一旦支队完成任务，就要迅速地将它调回。另外，对支队指挥官的指示应该详细而准确，这就有赖于参谋的才能。在运用支队时，要注意：绝不能忽视符合战术的任何措施；善于借助阵地加强支队的力量；一个支队要避免同力量悬殊的敌军苦战；尽可能地快速运动，可以保证支队安全。另外，战术和野战筑城的原则，对支队和主力部队一样适用。

对于实施奇袭的小型支队，我也有一些战例要与读者分享。1828年，俄军为了夺取布尔加斯湾的锡济波利，发动了一次奇袭。锡济波利的守军在仓促间建立起薄弱的防御，如果奇袭成功，俄军就可在巴尔干外围得到一个支撑点，在此建立仓库，支援之后的翻越山脉的主力军队；如果失败，这支小分队也可以乘船撤离。

1796年，奥军为攻占克尔，趁莫罗从巴伐利亚返回时，实施奇袭破坏桥梁，如果这次行动没有失败，小分队就可以取得其极其重大的战果。

这些行动的风险小，收效大，也不会对主力造成什么损害，因此，它总是受人青睐。

冒险派出一支由几百人组成的轻装部队，前往敌人作战地区，虽然不会对己方军队造成什么大的损失，却可以使敌人蒙受巨大损失。这也属于奇袭小型支队范畴。1807年、1812年、1813年，俄军派出的小型支队，曾给拿破仑制造了不少麻烦，几次切断他的全部交通线，令他屡屡受挫。

对这类作战，其指挥官一定要智勇双全，善于游击。他们是真正的无名英雄，不仅要给敌人造成严重的损失，还要奋力保护己方不遭受任何无益的伤亡。一般来说，为了避免任何不必要的危险，"游击战士"必须兼具机智与灵活，这比勇气更重要。

渡河

本节所讨论的渡河，针对的是像多瑙河、莱茵河、波河、易北河、奥得河、维斯瓦河、因河、提契诺河等大河流，这关乎战略战术问题。

至于架桥技术，属于工兵知识的范畴，我不打算在这方面浪费笔墨，我主要研究渡河涉及攻击军事阵地和实施军事机动方面的问题。

渡河是一种战术行动，但在决定渡河点时，它又与整个战争区的军事行动密切相关。1800年，莫罗在莱茵河畔的行动，可以帮助我们更好地说明这个论断。拿破仑希望莫罗能在沙夫豪森渡过莱茵河，插入克赖后方，到达乌尔姆，切断克赖向奥地利退却的道路，最后将他逼到美因河。可是，莫罗已经在巴勒占领了一个桥头堡，为了方便，他主张从敌人正面渡河，而不是从敌人左翼进行迂回。莫罗看重的是战术上的便利，而拿破仑看到的是战略上的利益，莫罗为了保持局部的成功，不愿意冒险，尽管这个冒险背后是一决定性胜利。同年，拿破仑渡过波河，却证明了渡河点的选择，对战略的影响至关重要。法军预备队本可沿着波河左岸指向都灵，或者是在克莱桑提诺渡河，然后指向热那亚，而拿破仑却主张渡过提契诺河，进入米兰，与另一支大军在蒙塞会合，之后在皮亚琴察渡过波河。拿破仑这样做是因为他深信，这样会赶在梅拉斯前面。1805年，在多瑙佛特和因戈尔施塔特渡过多瑙河的战例，也与1800年很相似，拿破仑选择的方向，葬送了马克和他的军队。

要决定一个战略上的渡河点，并非想象中的困难。但是，渡河问题和其他作战问题一样，总是要遇到一些属于永久性的决定点，还有一些临时性的点，这都需要根据敌人兵力部署的情况决定。

如果所选择的点，对战略有利，又在地形上对战术有利，那么最好不过了。不过，如果这个点在地形上构成无法逾越的障碍，那就需要另选一个渡河点。在另选渡河点时，需要注意，这个点应该尽可能地靠近军队行动的战略方向。此外，关于地形，可以参考以下的建议：最好的渡河点，即军队在此渡河后，作战正面和作战线都能与河流成垂直方向，至少在第一阶段的行军中，不至于被分成沿不同道路前进的几部分。这个优点还可以使军队避免背水作战的危险。拿破仑在埃斯灵就是这样做的。

战略问题，我想我已经介绍得够清楚了，现在我们来谈谈渡河本身的问题，关于如何保障渡河成功，我们可以从历史中学到很多。古人渡过一条小河，就值得他们大书特书了，但在现在，这类"伟大创举"则是数不胜数。路易十四就曾在汤尔吉斯渡过莱茵河。

在我们的时代，德东将军曾两次渡河赢得胜利，一次在克尔渡过莱茵河，一次是1800年在霍赫施泰特渡过多瑙河。他的成功细节，堪称典范，这是在作战中最需要注意的，即准确执行这些细节。

此外，多瑙河上的三次渡河和别列津纳河上的一次渡河，都是作战中的卓越战例。多瑙河上的前两次渡河，都是由拿破仑指挥的，地点选在埃斯灵和瓦格拉姆这两个河床最宽的地方，不过，对岸敌人超过10万人，火炮约400门。我们可以从佩勒将军的记录中获取一些有趣的信息。第三次渡河，是在1828年，由俄军在沙图诺沃完成。第三次渡河的规模虽然不大，但是由于地形所造成的各种困难，以及俄军所表现出来的巨大勇气，使这次渡河格外引人注目。

我提出了一些关于渡河的一般性原则，供读者参阅。

1. 要注意迷惑敌人，使其查不到军队的真正渡河点，使其无法在正确的渡河点部署兵力抵抗，而在真正的渡河点主要保持静默。为此，除了战略佯动外，还要在真正渡河点附近进行佯攻，分散敌人在渡河点上的兵力。为此，要使用大量的炮兵，造成声势浩大的模样迷惑敌人。

2. 尽量先派部分兵力乘船渡河，到达彼岸后，消灭那里的敌人，掩护架桥。渡河的部队，应迅速占领渡口附近的村庄、障碍物、森林等。

3. 注意部署重炮，消灭对岸的一些目标，压制破坏架桥的敌军炮兵,为此,应选择一处河岸较高的地方架设重炮。

4. 如果靠近敌岸有一个大岛,或是在我军渡河点附近有小河流汇入大河,都对我方有利。前者,有利于我军渡河和架桥作业;后者,我军可利用这种小河集结船只。

5. 如果能在河流弯曲的地方渡河,也是很有利的。这样就可以使我军的炮兵以交叉火力覆盖渡河点,阻止敌军的攻击行动。

6. 架桥位置最好选在两岸都有良好道路的地方,便于渡河后军队掌握交通线。所以,渡河最好避开河岸陡壁。

组织防御抵抗敌人渡河时,要注意,防守任务是,阻止敌人实现上述渡河保障措施。重中之重就是,用轻装部队监视对面河岸,不要处处设防,这会造成无法迅速向受威胁的地点集结兵力的后果。敌人的一部分兵力渡河时,防御方应及时歼灭它。旺多穆在卡萨诺,卡尔大公在埃斯灵的大规模行动,都值得我们学习。

我已经说过,在战役开始时渡河将对作战线方向产生什么影响,现在我们来谈谈研究它对渡河后的战略移动有什么影响。

渡河后,既要掩护被敌人破坏的桥梁,又要保障自己军队的行动自由。如果我方兵力占压倒性优势,或是在大胜以后渡河,都不会遇到多大困难。如果在战役刚打响就渡河,或是敌我兵力大致相等的时候渡河,那情况就完全不同了。

10万法军想在曼海姆或斯特拉斯堡渡过莱茵河,对面是10万普军,这时法军要在三个方向上击退普军。第一,将正前方的敌人赶回黑森林;第二,在右方掩护上莱茵河的桥梁;第三,在左方掩护美因茨和下莱茵河的桥梁。为此,军队难免要分散,但是,绝不能把兵力等分成三部分,且在尚未查明敌军主力所在地之前，不要贸然派出支队。

遇到这种情况，主帅很难处理。如果分散兵力去掩护桥梁，一部分兵力就有可能遇到敌军主力而被击败。如果他集中兵力，一旦被敌人迷惑，分不清敌人主力集结点，那么桥梁就有可能被毁，他就会陷入了进退两难的境地。

最好在城市附近架设桥梁，迅速强化对桥梁的防护，然后全力迎战，逐次击败分散的敌人，使其无力再威胁桥梁。此外，还可以采用离心作战线。当敌人将兵力分散各自占领一个位置对我方实行监视时，我军就可以集中兵力在敌人警戒线附近的一个点上渡河，其处于中央位置的敌军，也就将被我军击破。之后，我军就可以将部队等分成两个支队，采取离心作战线，分割外线孤立的敌人。如果我军在敌军战略正面渡河，则渡河之后就应立即转入正面进攻，而此时，桥梁处于我军后方，它的安全自然也得到了保障。一个将领也可以采取主力从中央渡河，渡河后再根据边界线和基地的位置，以及敌军的部署等，采取离心作战线。

有时候，也可采用在同一正面上兵分两路渡河的方式。1796年，莫罗和儒尔当就是这样渡河的。这种方法的优点在于，可以使军队拥有两条退却线；缺点在于，从敌人正面两端进攻，可能造成敌人向中央集中兵力的局面，而将两支渡河军队各个击破。如果敌军将领善于利用这个弱点，那么渡河方就将承受巨大损失。对此，我的建议是，力求将主力集中于一路，渡河之后再将两路军队集中在内线。如果儒尔当和莫罗能够这样做，就能在多瑙佛特会合了，也可在巴伐利亚建立奇功，而不至于被人赶回莱茵河了。

撤退和追击

撤退是一切战争行动中最艰难的。德·利涅亲王[1]曾断言，他未曾见过一支撤退的军队能在撤退中获得成功。事实上，让一个极富经验的将领下令撤退是非常艰难的。因为这需要考虑因交战失败的军队的体力和士气状况，撤退秩序的维持难度，混乱可能导致的极大恶果，等等。

我能为你们提供什么准则呢？是在夜幕的掩护下撤退？当还可以有秩序的后撤时，是否不必等到最后就脱离战场呢？是否需要趁夜急行军，尽量拉开与敌人的距离，或是在半路停下来，做出准备再战的仗势？每一种方法如果运用恰当都可能有利，而如果运用不当，每一种方法都可能将军队推入深渊。如果说战争理论也有无能为力的一面，那么在撤退问题上，它已经表现得非常明显了。

你本想拼命作战至夜幕降临，打算趁夜逃脱，没想到等不到天黑，你已经全军覆没了；可以撤退时，你又不知道采用什么方法，才能避免军队的崩溃；哪怕你打算尽早撤退，却又有可能恰恰在敌人停止进攻时已经溃败。撤退会使军队丧失信心，不在万不得已的情况下决定的撤退，总会有人指责下令撤退的将领。谁能保证在敌人追击下，撤退不会演变成溃退呢？

撤退时，要考虑是否进行强行军，这也是一个难以抉择的问题，仓促的行动有时会导致全军覆灭，有时也能令军队获救。关

---

[1] 查理·约瑟夫·德·利涅亲王（1735—1814），比利时军官、外交家和文人——编者注。

于这个问题，比较中肯的意见为：如果军队数量相当庞大，最好不要采用强行军，可组织兵力较多的后卫部队迟滞敌军的先头部队，它可争取到一定的时间。

通常，根据撤退的原因可将撤退分为不同的种类。有的在交战还未开始，为了诱敌到达一处对其不利的位置，而引兵后退，这种撤退更应该算是一种谨慎的机动。1805年，拿破仑从威绍退往布尔诺，就是为了将敌人吸引至对自己有利的地点。同样，威灵顿从卡特尔布拉退往滑铁卢，其目的也是一样。

有时，为了防守翼侧或退却线被敌人威胁的某个点，即使没有失败，也需要撤退，在贫瘠地区距离补给中心过远时，为了靠近补给中心，也必须撤退，而那种交战失败后，被迫实行的撤退则最为常见。另外，这些原因可能会随着地形特点、经过的距离，以及敌人可能设置的障碍而有所变化。

在敌国境内实施撤退是特别危险的，撤退的起点距离边界和作战基地越远，则退却越发困难，部队的处境也更加危险。

关于历史上成功的撤退的记载不多。就我们所知的，安东尼在米底战败时的撤退，非常艰苦；朱利安皇帝最后被巴尔特人赶上；查理八世从那不勒斯返回也是不光彩的；德贝利斯元帅从布拉格撤退也没有表面上那么风光；普鲁士国王在解除奥尔米茨之围、奇袭霍赫基希之后所进行的撤退还算不上远距离撤退；等等。

俄军从涅曼河退向莫斯科，称得上是这一方面的经典战例。俄军行军将近1 000千米，而且后边还有像拿破仑和缪拉这样的对手，但是俄军未被击败。俄军这次的行动，得益于部队惊人的信念和坚韧刚毅的精神，这是需要我们铭记的。再来看看拿破仑从莫斯科的撤退，对他本人，这是一场失败，对撤退而论，这次撤退令法军在克拉斯诺耶和别列津纳赢得了荣誉。

撤退距离的长短,所经地区的性质,所经地区的资源,敌人所能构成的障碍,部队的士气,主帅的巧妙部署,都是决定撤退行动成败的主要因素。如果有两支军队,一支在本国境内向补给线撤退,而另一支军队在敌国境内撤退,那么前者要比后者更有利,因为它更容易保持兵力的集中,维持良好的秩序,撤退会更加顺利。1812年,法军从莫斯科退往涅曼时,既缺少补给,又没有骑兵和马匹,而当其敌人从涅曼退回莫斯科时,因为是在自己国内行动,既有充足的补给,又得到了骑兵的掩护,所以,法军想像俄军一样井然有序地撤退,当然是不可能的。

一般,统帅在部署撤退时,可采取以下几种方法。

1. 全军只沿一条道路撤退。
2. 在一条道路上,分成两三个军,每个军之间隔一日行程地梯次行进,这样可避免出现混乱的情况。
3. 沿数条近似平行的道路,朝着同一目标行进。
4. 从两个相隔一定距离的点向着同一个目标行进。
5. 沿着数条向心道路前进。

至于如何组织后卫的问题,我认为,对所有的撤退行动,都需要组织良好的后卫,以及派出预备队、骑兵支援。

一支打算撤退的军队,如果还企图与增援部队会合之后,继续在预期的战略点上进行战斗,那最好采用第一种撤退方法,这样军队各部都紧密集中,可以随时应战。这时,只需先头部队停下,其余部队在它的掩护下调整部署即可。注意,采取这种方法时,如果有其他小道能提高行军的速度,那就不要再固守只沿一条道路撤退的陈规了。

当拿破仑从斯摩棱斯克撤退时，他采取了第二种方法，全军分成几个部分梯次行进，中间相隔一日的行程。可惜，敌人没有尾随他身后，而是形成横向追击，而俄军恰好能指向拿破仑各军中间的空隙。法军最后在克拉斯诺耶苦战三天收获大败。第二种方法的初衷，是为了避免道路拥挤，所以各军的间隔只要能保障炮兵的行动需要即可。最好将军队分成两部分，再组建一个后卫队，每个军之间保持半日行程的距离，也就是说，间距就只能短不能长，只要间距能保持军队有序行进即可。

如果附近另有可供步兵和骑兵通行的小道，那也能缩短间距。当然，采取这种序列必须要有充足的给养。

第三种方法，采用的就是行军序列，当这些平行道路之间距离较近时，这种方法非常有利。如果这些道路之间距离太大，无法互相支援，当敌人集中主力拦击时，就比较容易被各个击破。

我在这里要补充一点，许多将领对作息时间和方式并不重视，事实上，这正是行军中一切混乱的根源。每个单位都会以各种借口自行休息。军队人数越多，行军队形越集中，对军队作息时间的规定也需要越发严格，尤其是夜间行军。要知道，某个单位在某个错误的时间里停下，将给全军造成极其危险的后果。

第四种方法，是军队分别沿两条向心的道路后撤。这种方法适用于，接到撤退命令时各部队位置相距很远的情况。在这种情况下，向心退却是集中兵力的唯一途径。

第五种方法，就是著名的离心撤退法，它是比洛极力主张的一种方法。早年，我极力反对这种方法。他的定义是，军队从某一固定点出发，沿离心路线分散后撤，其目的，一是便于摆脱敌人的追击，二是威胁敌人翼侧和作战线以阻止其前进。我认为，一支被击败撤退的军队,还要进一步削弱兵力,实在太荒谬了。

比洛的拥护者称,我没有理解到比洛的原意。他们说,比洛的主张不是沿着许多离心路线退却,也不是直接退向作战基地的中心,而是从作战的焦点出发,沿着国境边界撤退。关于这个术语所引发的争论,唯一的原因就是比洛的原文不够明确。但是,我将极力谴责那种借口掩护边界线,从翼侧威胁敌人,而沿着几条半径离心撤退的方法。

这些人打着翼侧一类的术语,仿佛他们的做法就是正确的一样。一支撤退的军队,无论是体力还是士气,都处于劣势,既然如此,难道还要继续分散兵力吗?我不反对将军队分成几个纵队进行撤退以换取行动上的自由和有序,不过前提是各部分能互相支援。我反对的是沿着离心作战线实施的撤退。

当法国的意大利远征军团的先头部队被乌尔姆泽击退时,拿破仑就把他们集中在罗韦贝拉地区,他只有4万人,却击败了6万人的敌军,原因肯定不是因为他采取了离心撤退。乌尔姆泽首次失利后,就采取了离心撤退,使其两翼退向防线的两端,之后,他的右翼即使依靠着蒂罗尔山的有利条件,却仍在特兰托被法军击败;他的左翼也被拿破仑在巴萨诺和曼图亚消灭。1796年,当莫罗面对卡尔大公时,他将所有分散的兵力集中起来,结果挫败了敌军在他主力面前的一切行动。

只有以下两种情况才可不得已地采用离心撤退方法:一支军队在本国境内惨败,其分散各部退向有要塞的地区,寻求掩护;人民战争中,被分割的军队各部开赴各省,成为各省人民起义的核心。

在撤退时,要考虑在何时沿着与边界垂直的方向,从边界朝国土中心撤退,以及何时沿着与边境平行的路线,这个问题与战略有关。1814年，当苏尔特放弃比利牛斯山脉时，他就必须选择，是沿着通往法国腹地的道路退往波尔多，还是沿着比利牛斯山脉的边界线退往图卢兹。

平行撤退往往更有利，它可转移敌人的兵力，使其不向我方的首都或实力中心前进。至于是否采用这种撤退方法，其影响因素有，边界的地形，要塞的位置，军队为恢复与国家中心的交通联络所需通过的空间。

在西班牙境内采取平行撤退可能很有利，如果敌军经巴约讷进入西班牙，那么西班牙军队就可以潘普洛纳、萨拉戈萨、莱昂或阿斯图里亚斯为基地，威胁敌军的作战线，阻止其朝马德里前进。

而沿多瑙河的边界，对土耳其而言也很有利。

同样，法国也非常适合采用这种方式。如果敌人通过阿尔卑斯山侵入，或者是通过斯特拉斯堡、美因茨或瓦朗谢讷侵入，那么法军就可沿着罗讷河和索恩河行动，转移至摩泽尔河和普罗旺斯。无论在哪一种情况下，只要法军主力无恙，并以周围要塞为基地，敌军就无法占领巴黎。

至于奥地利，可能就没有这种优势了，这是因为它是由雷蒂凯尔山脉和蒂罗尔山脉的走向，以及多瑙河的流向所决定的。当年，如果法军从莱茵河经巴伐利亚行进时，在莱希河和伊泽尔河与反法联军相遇，法军力量占优，那么联军想将全部奥军投向蒂罗尔和波希米亚，阻止法军前进，是进退两难的，因为奥军会将一半的兵力用于因河以掩护首都而导致兵力分散。如果将兵力全部集中于蒂罗尔，那么一旦被法军打败，首都维也纳将被占领。

平行撤退有很多不同方案，尤其适用于普鲁士。如果敌军经波希米亚朝易北河或奥得河进攻，那么采取平行撤退就是普军的上上之选。如果敌军越过莱茵河，或从维斯瓦河进攻，普军就不能再采取这种撤退方法了。这是因为，普鲁士腹地的地形，有利于从梅梅尔[1]至美因茨的侧敌运动，但从德累斯顿至什切青却不利于进行侧敌运动。

一支军队无论出于何种动机实施的撤退，都会受到敌人的追击。

撤退时，哪怕军队完好无损，组织严密，往往占优势的也只是追击的军队。战败后的撤退以及远离本土的撤退，往往是最艰难的行动。如果敌人的追击非常巧妙，那么困难还会加剧。

统帅强烈的个人风格和两军的物质、精神状况，是决定追击军队勇气和积极性的关键。在追击时，以下几点建议是非常实用的。

1. 追击最好指向撤退敌军纵队的翼侧，尤其是在本国境内追击时，更应该这样做。运动方向可以与敌人作战线交叉甚至垂直。切忌迂回过远，这样容易放跑敌人。

2. 交战取胜后追击敌人时，积极大胆的行动更为适宜。因为被击溃的敌人，士气往往都不高，很容易在追击下被歼灭。

接下来，我们再谈谈为保障撤退顺利进行的一些战术措施。

强化官兵的认识，是撤退行动的重中之重。首先，要让官兵明确，无论敌人会从哪儿冒出来，任何回击敌人的追击，都应毫无畏惧。其次，他们还需明白，要想获救，唯一的方法就是保持秩序。越是在这种情况下，越看出严格纪律的重要意义，严格的纪律永远是维持良好秩序的保证。为了保持军队的纪律，必须保障军队给养，以免发生溃散和兵变。

骑兵的速度快，拥有骑兵，不仅利于快速撤退，它还能承担侦察任务，保卫翼侧，阻止敌人的骚扰等任务。

---

[1] 今立陶宛的克莱佩达——编者注。

在撤退时，后卫部队能将敌人阻止在撤退主力半日行程的位置，就足够了。后卫部队不应距离主力过远，否则会遭遇危险。但是，如果后卫部队后面有可据守的隘路，那么就可适当地扩大活动范围，甚至可与主力相距一日行程的距离。如果撤退军队的兵力很多，那么就应该加强后卫部队的兵力，它就可大胆地在距离主力较远的位置上活动。总之，距离根据后卫的兵力、当地的地形和追兵的情况决定。如果敌人步步紧逼，则应该适当控制军队各部分的距离，以便部队能随时停下来出其不意地反击敌人。卡尔大公在内雷希姆，莫罗在比贝拉赫，克莱贝尔在乌拉克特，都是我们的榜样。

后卫指挥官必须沉着冷静。后卫指挥官还需要拥有一定数量的参谋人员，这些参谋人员负责选定防守的据点，以便后卫部队扼守以阻止敌军的追击，或是便于部署编有炮兵的预备队。

撤退时的渡河是我很感兴趣的问题。如果面对一条小河，河上又有固定的桥梁，那么这时候的渡河，就与通过一条隘路没什么两样。如果面对的是一条大河，首先要先让辎重渡河，避免它妨碍部队的运动。后卫部队应该适当强化，当部队主力渡河时，后卫部队要在桥头占领阵地，这样，部队可有秩序地过桥。在决定性时刻，最好能以精锐部队接替后卫部队的任务。渡河后，部队应该迅速整理队伍，部署炮兵，掩护后卫兵力，而且还要尽快拆毁河上的桥梁。

为了保证部队顺利渡河，最好能事先采取措施，在精心挑选的架桥地点修筑桥头工事，如果时间仓促，也要尽力地修筑几个多面堡，掩护最后撤退的后卫部队。

以上仅是在渡河时受到敌人从后面追击的情况，如果撤退部队被前后夹击，桥上又有敌人重兵防守，要渡河就更是难上加难了。1812年，别列津纳河上的渡河行动，就是这类作战的经典范例。这一支军队的处境之艰难,是我生平未见的,这支军队脱险之巧妙,也是我从未见过的。当时,远离作战基地2 000千米的法军,饥寒交迫,在别列津纳河两岸的沼泽和森林中遭敌人夹击,他们是如何安然脱险的呢?

在别列津纳河,法军以极高的代价换得了无上的荣誉。他们的英勇值得每个军人钦佩。此役,俄军的作战计划为,从摩尔达维亚、莫斯科、波罗茨克分别向别列津纳河推进,而法军则顽强地闯出一条生路。

1812年的这次战役,为这种恶劣境况提出了原则:避免拥挤;隐蔽渡河点;抢在前面阻击的敌人之前发起猛攻,使其无法与后面的追击部队联系。

撤退部队为渡河,必定会千方百计地保护桥梁,而追击的军队也一定会拼尽全力破坏桥梁。如果撤退的军队在下游渡河,那么追击方就可以利用纵火船和堵塞船进行破坏。1796年,奥军追击儒尔当时,就曾在新维德采取了这种方法,重创法军。1809年,在埃斯灵,卡尔大公毁掉多瑙河上的桥梁,使拿破仑的军队陷入危亡的境地。

有几个方法能阻止敌军破坏渡河活动,如横跨河流插一道木桩,掩护桥梁;串联几条船组成一条浮动掩护防线,拦截敌军放下的物体;准备灭火工具,对付敌人的纵火船。

军队行军宿营

本课题与本书的主题间接相关,所以我只简单地介绍下。

激烈的战争中,不论如何安排军队的宿营,都很难保证不受敌人的攻击。大城镇比较多的国家，往往比城镇稀少的国家，更方便安排宿营。城镇较多的国家，不仅军队给养比较方便，由于军队相互距离较近，还可以保持各部分相对集中。

我认为，阻止敌人突袭舍营的最好准则就是，集中舍营，营地空间长宽相等，避免延伸过远而遭敌人突入；在有江河掩护的地方建立营地，或者要有以野战工事为依托的第一线部队掩护；规定集结地点，在通往军队道路上派出固定的骑兵巡逻队；规定警报信号，防止敌人突袭。

在战争期间，无论是在行军还是在执行监视任务，或是在等待时机恢复进攻，军队都完全可能在所占领的战略位置上保持集中舍营。这就要求统帅善于计算，选择合适的位置。

军队必须占领足够广大的空间，获得充足的给养；还需要保持战斗力，便于迎击敌人可能发动的攻势。这两个要求很难同时满足。最好将全军部署在一个近似正方形的空间里，这样便于军队随时集结到敌人可能进攻的任何一点上。

登陆作战

在军事行动中，登陆作战往往很少被采用。如果面对的敌军是一支准备充分的部队，再采取登陆作战，就更加困难了。

自从发明火炮以来，海军飞速发展，装备上百门火炮的大船，威力远远胜于运输船只。现在想要登陆作战，必须有以战列舰编成的控制着制海权的强大舰队的支援，否则登陆作战任务很难完成。

为什么远古时代，登陆作战的战例多于近代呢？那是因为，那时运输船又是战斗舰，由人力操纵，较轻便，可沿着海岸行驶，运输船数量与登陆部队的数量成正比。当时，风暴是影响登陆计划执行的最主要因素。

凡是拥有强大军队的大国，都不能容忍三四万敌军登陆部队对其发动进攻，所以，现代的登陆作战只是针对次等国家执行的。拿破仑曾经想把他的16万精兵，经布洛涅运往不列颠岛登陆，但是这个计划并未实现。

当时，法国人不可能一面吸引英军的注意力，一面在拉芒什海峡集结50艘战列舰。如果集结成功且风向有利，那么实施登陆并非不可能。但是，如果遇到暴风天气，或者英国舰队返回拉芒什海峡，那么法军又将面临什么下场呢？

一支大舰队为了达到目的而进行的远航，究竟能取得多大的成就呢？又有什么方法能使这么多船只长时间一起航行呢？在浩瀚海洋上的这些船只远航又会遇到什么危险呢？此外，还需要准备多少火炮、弹药、装备、粮食、淡水呢？

即使不超过3万人的军队要渡海远征，都十分困难，要用如此之多的兵力远距离登陆作战，必须满足以下几个条件。

1. 目标是个孤立的殖民地或领地。

2. 目标是个次等国家，且不可能立即得到支援。

3. 登陆作战的目的为，暂时钳制敌人，或攻占一个必须占领一定时间的地点。

4. 敌人正在进行战争，军队距离登陆点很远，登陆方作战目的是，从政治上或军事上同时钳制敌人。

渡海登陆作战很难按照一些固定的规则实施，我能做的是为进攻方提出一些建议：迷惑敌人，使其无法判断登陆地点；登陆地点必须够宽大能让所有部队同时上岸；积极行动，力求快速占领一个依托点，掩护部队展开；炮兵首先登陆，它可以保障和支援登陆部队。

这种作战的最大难题是，大型运输船不能直接靠岸，部队必须乘坐小船登陆，这样一来，不但耗费的时间多，而且效率极低，这就给陆地上的敌人制造了机会。如果海上风浪大，登陆部队就更加危险，它能致使步兵因晕船而暂时丧失战斗力。

对于防御方，我也准备了几条忠告。首先，竭力掩护部队。其次，不可使部队过于分散，绝对不要处处设防、沿岸平分炮兵和兵力，要对那些通往重要设施和要点的道路进行重点掩护。最后，保持通信畅通，这样可在发现敌人登陆时，迅速集中部队将其击退。

海岸地势，对登陆方和防御方的影响都很重要。海岸陡峭处，船只比较容易靠近，对登陆有利。对此，守军可在这些地方设防，阻止敌人登陆。

此外，还有一些关于战略方面的考虑。针对这些战略考虑的一条主要原则，即守方应避免主力背海作战；而登陆方，则应该尽力使主力始终与海岸保持联系，海岸既是它的退却线，也是它的补给线。同样，登陆方必须攻占一个港口，以便登陆失利时，能依靠它掩护部队登船撤退。

第六章

战争勤务或调动——军队的实用艺术

战争勤务概念

　　战争勤务,是仅仅关乎细节,或者是战争艺术最重要组成部分之一,抑或只是一个术语,泛指司令部工作的各个领域,将战争艺术运用于实际作战的各种手段?

　　有人认为,既然有关战争的一切都已经有了定论,再去寻找新定义纯属多余。在他们看来,我的问题有点离奇。而我则坚信,精确的定义能使概念清晰。不过,想要解释这个看似简单的问题,其实有点困难。

　　我曾效仿许多军事家,将战争勤务划入司令部工作的具体执行的细节问题内。这些细节问题,又是组成野战勤务细则和若干军需官守则的主要内容。这种看法,受当时流行的某些偏见影响。战争勤务这一术语源于军需官,而军需官是一个职务名称,过去其职责是安排军队舍营,指导纵队行军,安排其驻防。可见战争勤务的内容,应该与平常的舍营相似。当新作战方式出现,军队的运动更加复杂,司令部的权力和职责进一步扩大,参谋长需要负责传达最高统帅的意图,并为其收集各种资料，一边执行作战行动。参谋长的职责变了，参与所有计划的制定，传达、解释、监督作战计划的执行，他的职责关系到战局的全部作战行动。

此后，参谋长的职责就顺理成章地包含了战争艺术的各个不同部分。如果真的将这门科学称为"战争勤务学"的话，那么即使汇集卡尔大公、吉布尔、拉罗什·艾蒙、博斯马尔和泰尔涅等人的著作，也未必能为战争勤务学勾勒出一个脉络来，因为战争勤务学堪称所有军事的应用科学。

过去的老"战争勤务学"已经无法反映司令部科学的全部内容，至于它在现代的实际职能，还有待有识之士来总结概括。政府应当主动颁布那些已经成熟的细则，这些细则规定了参谋长和参谋的职权，也明确地指出了他们履行各自职责的方法。

当年奥军司令部曾有一些细则，格里毛尔和梯埃博所出版的参谋手册和法兰西新皇家军团印刷的若干守则，都未能尽如人意。

如果证实，参谋部的职能包括最高战略计划，那么我们就应该承认，战争勤务包含于参谋学中，它应当获得新的发展，成为一门新的科学，它不仅要包含参谋学，还要包括司令官的领导艺术。

现在我将战争勤务学可能包括的关于军队运动，以及与之相关的所有事项，总结如下。

1. 为开战准备必需的物资器材。拟定各种程序、指示、行军路线等，以便军队集结并投入战斗。

2. 为总司令拟定各种行动命令和各种攻击方案。

3. 联合工兵首长、炮兵首长，协调仓库和便于军队作战的各种要点的隐蔽措施。

4. 组织并指挥各种侦察，获取敌人的情报。

5. 遵照总司令的命令，采取一切措施协调军队整体运动。协调各纵队行军有序一致；保障常用器材；制定军队作息时间等。

6. 指挥前哨、后卫，以及执行其他任务的独立支队，为其提供所需的物资。

7. 传达司令部的训令和指示，传达关于迎敌时各纵队的部署方法，根据地形条件和敌人的特点指出采取何种战斗队形。

8. 指示前哨和其他独立支队，当其遭到优势敌军的攻击时，应该选择的集结地点，以及明确告知，他们所能得到的支援。

9. 组织并监督军需库、弹药库、粮站和野战医院的部署，它们既不能离军队太远，又不能妨碍军队的运动。另外，还需采取措施，确保它们的安全。

10. 组织用于补充消耗的给养和弹药的运输车辆连续到达目的地。保障军队和基地之间交通工具的保养维修。

11. 设立营寨，保障营寨内的安全、秩序、警卫，并制定营寨执勤细则。

12. 建立和组织军队的作战线、兵站线，以及各独立支队与兵站线的交通。谨慎选择组织和指挥军队后方工作的军官。

13. 建立移动医院并保障其安全。

14. 记录所派出的支队，尽力帮助其归队。

15. 组建补充营和补充连，便于集中掉队人员和各种往返军队与基地之间的小分队。

16. 围城时，制定执勤制度，并监督其执行。

17. 撤退时，采取必要措施维持秩序，部署后备队，支援和接替后卫，派出参谋探察可能进行抵抗的地点。

18. 宿营时，划分各军驻防范围，为每个军指明紧急集合点，规定警戒措施，并监督其执行。

这些事项，既属于总司令的职责，又属于参谋部的职责。但毋庸置疑，参谋部就是为协助司令去执行这些事项，以便司令能集中精力考虑指挥作战的问题。因此，如果参谋部和司令的职权不一致，那么军队就会遭到不幸。这类现象很常见，将领也是人，他们也有人的缺点，而在军队内部，将领与参谋长之间的竞争是很常见的事情。

不要指望我能在一本书里解决所有的关于司令部的问题。每个国家所规定的司令部职权各不相同，各国军队都有各自的行事细则。

我想再谈谈我对上述列举事项的一些看法。

1. 为准备开战所采取的措施，要包括有利于初期作战计划的实施。为此，应该保障一切装备处于完好状态，如检查和补充马匹、车辆、马具、弹药等，凡是需移动的一切物资器材装备，都需保持完好状态。

如果在大河地区展开战斗，那么需要预先准备炮艇和便桥，将所有船只都调往需要使用船只的地点；还应该侦察便于上船和登陆的地点，选定最有可能一举成功的登陆点。

司令部在为各军制定开往集结点的行军路线时，应注意隐蔽措施，避免敌人察觉到其作战意图。

发动进攻战时，如果需要在作战基地附近设置桥头堡或营垒，应该联合工兵指挥官共同选定地点并建设工事。如果是防御战，则需在第一条防线和第二作战基地之间修筑这些工事。

2. 拟定行军和进攻的部署，是战争勤务学的主要内容，这项工作将由司令部承担，部署拟定完毕，司令部还要传达给各军。身为将领，其关键素质在于他能否制定完美的作战计划，并清晰地表达自己的构想，便于下属执行命令。而参谋长在这时的职责是，在其职权范围内进行补充，与司令官的意图保持一致。

在作战勤务问题上，光我就遇到过两种截然相反的方法。第一种方法为老派做法，即每天针对军队运动发布部署，内容繁杂，将这些细则传达给各军指挥经验丰富的军官，太不合时宜了。这等于把他们当成初出茅庐的初级军官一样使用。第二种方法则是拿破仑的方法，他给每个元帅的命令很简单，只涉及与其有关的部分，从不告诉他们全军的整体行动。至于他这样做的理由，我猜测，是为了保密，避免自己的总命令被敌人获悉致使作战失败。

至于作战方案的保密工作，是非常重要的。腓特烈大帝就曾说，要是睡帽知道了他脑袋里的秘密，他就马上把这顶帽子扔火里去。腓特烈大帝的说法不无道理，因为他总跟他的全体军队一起宿营。但是，拿破仑的元帅们根本不知道四周的情况，怎么能协同作战呢？

虽然第二种方法比第一种要好，但是，我认为还应该有第三种方法，一种折中的方法，介于拿破仑式的极简和空谈之间的方法。只需要给将军们下达与他们指挥有关的局部性命令，再附上密码编成的简要文字说明，告知其作战全局和他们应参与的部分；或者派一位理解力强、表达清晰的军官口头传达命令，以保障各军协同作战。

作战部署往往达不到一清二楚的程度，因为每个人都有自己的观点、性格、能力，而这些都会对作战部署有一定影响，认真阅读司令官的部署，也是了解司令官军事才能的途径之一。

3. 在完成集结可以采取行动时，军队必须尽力准确地、全建制地实施运动，运动时要注意侦察和隐蔽。

无论是进攻还是撤退，行军都只有两种方式：在敌人可视范围内；在敌人可视范围外。近来，行军已经发生了很大的变化。以前，交战双方总是会对峙几天，然后再开始交战，而进攻方的工兵要为各纵队构筑若干条平行的通道。现在，军队在行军时，往往会将工兵部署在先头部队之后，以便开辟通道，扫除障碍，保障各军之间的交通联络。

现代的行军方法，时间和距离的计算格外复杂。各纵队需跨越不同空间，因此在确定其运动时间和任务时，往往需要考虑：

（1）他们应当行进的距离。

（2）各纵队携带的物资。

（3）地形条件难易程度。

（4）敌人可能设置的障碍以及军队对此的适应情况。

（5）隐蔽或暴露的重要性。

最可靠、简便的下达命令的方法，就是将决定一切细节问题的权力交给指挥各军的将领，培养他们的办事能力，告诉他们应该到达的地点和目的，可选择的道路，进入预定阵地的时间，协同部队的行动、敌人的动向，以及被迫撤退时的撤退方向等，这些就足够了。

如果给将领们下死板的命令，规定种种细则，如编组方法、阵地上如何展开等，反而会对战争不利。在作战时，指挥官需要自由组织活动，只要他们能按规定的时间到达指定的地点即可。如果全军要在同一条道路上撤退，参谋部就需要精确地规定出各纵队出发和休息的时间。

每个纵队都拥有前卫和后卫，以保障行军。即使是在第二线，也需要在纵队前部署工兵，以便排除行军途中的各种障碍。每一个辎重单位也需要配备若干工兵。另外，军队携带一些架桥器材也总是会有点作用的。

4. 一支军队运动时，往往是前卫、预备队和中央部队随大本营行进，这样将有一半的军队在中央集中。这时，采取措施保持道路通畅变得格外重要。有时候，向某一翼侧突击时，预备队和大本营，乃至前卫都需要转向这一翼侧，此时，中央路线移动的规律同样适用于这一翼侧的运动。

总参谋部需要为前卫派驻经验丰富的参谋，这一点很重要，这些参谋能准确判断敌人的运动，并及时上报司令部和前卫指挥官。

而我所说的前卫，其编制应包括：携带各种武器的轻装部队，作为主力的精锐部队，少量骑兵，携带各种专业工具的工兵，狙击手、射手。另外，前卫还需要有测地人员，负责对两千米范围内的地形草测。最后，部队还应该为前卫补充一些侦察兵。

5. 良好的战争勤务，会在军队前进或远离基地时，组织作战线和兵站线。兵站线是军队与基地之间的联络桥梁。可将这些兵站分成若干区，并在最大的城市设立区中心，因为大城市能保证营房和物资供应。

兵站之间的距离最好为20～24千米，400千米的路线上就可将十几个兵战组成三四个兵站旅，为每个兵站旅指派一名指挥官，以及一支正规军组成的部队，用于防卫。兵站旅指挥官的职责还包括，保障所负责区域的道路和桥梁完好，保护邮政联络畅通。每个兵站至少应拥有一些小仓库和停车场。

在结束本节内容前，我想再举几个战例证明战争勤务学的重要性。

1806年格拉平原的行动，1815年反法战争的初期战局，在这两个战例中,拿破仑集中兵力于决定点上的精确程度令人吃惊。这也是拿破仑作战的精髓所在。决定点的选择,需要计算、筹谋,而这些都是拿破仑司令部勤务工作的结果。长期以来,拿破仑拿着绘图工具伏在地图上,用各色图钉标出自己与敌人的阵地,经过一番计算后发布指令。他可以迅速地计量距离,判断出各军所需的行军时间,他一边移动那些图钉,一边计算每个纵队的行军速度,为他们制定出发时间,最后口述指令。然后,内伊从康斯坦茨湖出发,拉纳[1]从上施瓦本出发,苏尔特和达武从巴伐利亚和帕拉蒂纳特出发,贝尔纳多特和奥热罗从弗兰肯出发,皇帝禁卫军从巴黎出发。大军从扎尔费尔德、格拉、普劳恩之间的平行道路上几乎同时到达战线,如此复杂的军事调动,让普鲁士人甚至法军摸不着头脑。

1815年,布吕歇尔在桑布尔河与莱茵河之间停驻,威灵顿还在布鲁塞尔停留,就在他们二人等待进攻法军的信号时,拿破仑以雷霆万钧之势扑向布吕歇尔的营地,他的各纵队从四面八方于波蒙平原集中,之后全部抵达桑布尔河岸。

这两次战役是以拿破仑巧妙计算为基础的,其实也是战争勤务的典范。我再举两个反例,说明战争勤务的失误,会造成多大的损失。1809年,拿破仑在奥地利军队逼迫下,从西班牙返回法国。在路上,他命令贝蒂埃[2]将分散在布劳瑙到斯特拉斯堡和埃尔富特的军队集中起来。拿破仑很担忧,一旦这些地方的奥地

---

〔1〕让·拉纳(1769—1809),法兰西第一帝国元帅——编者注。
〔2〕路易斯·亚历山大·贝蒂埃(1753—1815),法国近代军事家,法兰西第一帝国元帅军衔,是著名的军队参谋长——编者注。

利军队发功进攻，将对自己的军队不利。于是，他再次命令贝蒂埃，在自己未到达之前，如果战争尚未开始，军队一定要在雷根斯堡集中，反之，军队就要在乌尔姆附近集中。

拿破仑下达这样的命令，原因很简单，雷根斯堡离奥地利边境太近了，一旦战争爆发，各军只能孤立地与20万敌军作战。而在乌尔姆，法军就能较早地集中，因为敌人要花更长的时间才能到达该处，而这个地点对于双方都很重要。

可是，贝蒂埃居然僵硬地执行命令，完全不考虑拿破仑的意图及实际情况，他不仅固执地将军队集中在雷根斯堡，还要求达武返回雷根斯堡。幸好拿破仑获悉敌人渡过因河的消息，迅速赶往阿本斯贝格，可是那时达武已经被包围，军队也被奥军分割。拿破仑将军队集中起来，只花了五天时间，在阿本斯贝格、齐格堡、兴茨胡特、埃克缪尔、雷根斯堡取得了一系列胜利，挽救了贝蒂埃所犯的错误。

另外，在瓦格拉姆附近发生的事件，更是让我惊讶不已。当时，拿破仑要求，法军于7月4日傍晚在洛鲍岛上集合，当晚，军队在多瑙河上架起三座桥梁，从拥有500门大炮的14万奥军面前通过。这一切都是在很短暂的时间内完成的，这么短的时间进行这样大规模的运动，是非常不易的。

但是，期间发生了一件怪事，参谋长在传达命令时，完全没有发现文本的错误，将中间的桥梁分给了右翼的达武，又将右边的桥梁分给了中央的乌迪诺，结果两军在夜间交叉了，幸亏各团指挥官的机智，才免于造成大混乱。拿破仑口述命令时，没有发现自己的错误，而一个身经百战的参谋长，既要传达命令副本，又要负责部队编组，连这种错误都看不到，他还是合格的参谋长吗？

我所举的战例，足以帮助人们判断，良好的战争勤务可能对军事行动产生的影响。

侦察和查明敌人动向的其他方法

实施巧妙机动的最重要条件之一，即必须掌握敌人动向。不了解敌情，怎么确定自己该干什么呢？但是，要掌握敌情又谈何容易。单这一点，就说明了，战争理论和实践之间的巨大差距。

有些将领学识渊博，但他们既非军事天才，又缺乏长期实际指挥战斗的丰富经验，也没有从战争中养成眼力，往往会犯纸上谈兵的错误，其原因也在于此。对于军校毕业生而言，在地图上拟订一个迂回包抄敌人翼侧的计划，总是很容易的。但是，当在实际交战中，他的对手是一个深谋远虑、经验丰富的老手时，结局就可能不同了，他的缺点将暴露无遗。

在我长期的军事生涯中，我得出一条灼见：在一个善于掌握敌情的军官和一个通晓理论的军官中选择，我宁愿放弃后者。

有几种可以判断敌军动向的方法。第一，建立一个完善的间谍网。第二，由精干军官和轻装部队进行侦察。第三，审讯战俘。第四，根据敌人基地进行推测。还有一种信号法，主要用于发现敌人。

最能详细掌握敌人内部情报的方法，非间谍活动莫属。侦察工作做得再好，也提供不了防线后方的详情细节。我的意思是，要利用一切可利用的手段了解敌情，但又不能完全依赖侦察的结果。处理从战俘处得到的情报也是如此，战俘的口供是有用的，但不能过分相信。

司令部总是需要挑选合适的人员，专门执行审讯战俘的任务，通过各种手段，从他们口中挖出一切重要的信息。

活动于敌人作战线中的游击部队也能提供一些关于敌军动向的情报，但他们很难与主力部队保持联系，因而要想从他们身上获得情报是困难的。

在广阔的基地上设立情报网总是很有效的，然而一个间谍想要打入敌军主将的办公室，直接获取敌方作战计划，那几乎是不可能完成的任务。所以，间谍常常是根据他亲眼所见，或是从别人言谈中获取敌军动向的。有时，即使已经得到了敌人行动的情报，也无法确定敌人在实施行动时有无变化。例如，间谍获悉，敌人的一个军已经越过耶拿向魏玛挺进，另一个军离开格拉指向瑙姆堡，他们下一步动向以及他们的行动计划又是什么呢？这些问题，哪怕是最老练的间谍也难搞清楚。

过去，军队一般都安营扎寨地集中在一起，那时的情报比较可靠，因为可以用肉眼观察到敌营的一切情况，而间谍又能报告敌营内的一些活动。现在，兵团的组织不一样了，侦察工作也复杂多了，困难多了。

现代许多军队都不重视间谍活动，这令我很失望。1813年，施瓦岑贝格亲王的司令部没有间谍的活动经费，迫使亚历山大一世不得不动用私人金库为其支付派遣间谍侦察拿破仑情报的经费。法国的将军们因为找不到间谍，缺少情报，在西班牙曾付出过高昂的代价。

在通过轻装小部队获取情报方面，俄国军队走在其他国家前面，它们主要是依靠哥萨克人和游击队。

在库达舍夫公爵远征瑞典时，他的军队从法军纵队中间穿过直抵维滕堡。在这一具有里程碑意义的行动中，切尔内绍夫、本肯多夫、达维多夫、谢斯拉温登将军的游击队贡献的情报极为重要。

在夏龙附近，哥萨克人截获了拿破仑要凭借洛林和阿尔萨斯要塞集中兵力进攻联军交通线的方案，这份弥足珍贵的情报，促使布吕歇尔和施瓦岑贝格亲王决定集中兵力，在这之前，无论什么情况都没能成功地使他们二人合作共事。

这些凭借情报挽回战局的战例，足以使人意识到，精明军官所带领的优秀游击队是可以创造奇迹的。

关于情报搜集，我得出以下几个结论。

1. 一位将领要时刻牢记掌握敌情是极为重要的事情，为此，他需要动用一切手段，如组织侦察、派遣间谍、组织能干游击队、规定各种信号、派遣军官审讯战俘等。

2. 在考虑制定作战计划时，将领需要参考情报，但是不能过分依赖情报。

3. 缺乏可靠准确的情报时，将领最好不要轻举妄动。

关于利用信号，我认为有好几种传递信号的方法，其中首推电报。1809年，拿破仑之所以能在雷根斯堡大胜，就是因为他拥有一条电报线路。当奥昆在布劳瑙特附近渡过因河，准备入侵巴伐利亚时，拿破仑还远在巴黎。当拿破仑得知千里以外的情况时，立刻跳上马车。八天之后，他在雷根斯堡庆祝胜利。电报的重要性，在这次战役中展现得淋漓尽致。

有一种轻便电报机，它通过骑兵到高地上操作，能在几分钟内把中军的命令传达给作战线的两翼，也可以把两翼的报告发送给大本营。

1794年，儒尔当利用气球侦察敌情，用气球传递情报。这种方法，要求先将气球准备好，需要时气球立刻升空，但这是很难的，另外，从高空中观察地面情况也不容易，观察者不仅要悬在半空中，还要冒着风向改变的危险，加上火炮烟雾弥漫，这种方法使用较少。

　　还有一种方法是烽火。当时，采用这种方法，可以迅速地将敌人入侵的消息从国境线的一段传递到另一端。人们有时也利用烽火召集队伍。在沿海地带，人们也可以使用这种方法发出敌人登陆的消息。

　　还有一种信号，即作战时通过军乐队来传达信号，这种方法俄国人采用得较多。在俄军内部，这种方法，更适用于激发部队上阵的勇气和激情。

第七章

军队的战斗部署和单独或联合使用三个兵种

本章我要跟大家一起研究交战战术方面的两个课题：军队投入战斗的部署方法；各兵种的使用。这两个问题属于战争勤务和辅助性战术范畴，但是对军队统帅而言，它们也理应是一种计谋。

战略包含若干固定的地理线，根据敌人的部署情况，统帅可以衡量这些地理线的相对重要程度。而敌人兵力的部署变动的情况很少，它们不是分散部署就是集中部署，位于作战正面的中央或者作战正面的一翼。将这样简单的因素编为战争基本原理的规则，那再容易不过了，关于编组战斗队形的问题，也是如此，战斗队形也可列入与一般原理关联的规则内。至于执行的方式，即战术，则要取决于各种情况。对于可能出现的种种情况，人们很难固定地去套用行动规则。将任何两名杰出的将领相比较，无论是步兵将领还是骑兵将领，他们二人对于进行攻击的最适宜方法总是各执一词。

另外，将领的能力、毅力、眼力、军队的士气等差异，也会对战术有所影响。因而，我深信，战术的运用体系总是矛盾百出的，人们要是能确定出若干指导性原则，那么将是莫大的功绩，这样就能将那些浑水摸鱼的虚假理论剔除。

战斗线上的部署

战斗线的定义，我已经在前文中解释过了。现在，我们一起来探讨一下，它是怎样形成的，以及各种不同的军队在战斗线上应该怎样部署的问题。

法国大革命前，法国的步兵都编成团和旅，之后再集中统一编成一个作战军。每个军分成一线、二线，每线各拥有左翼和右翼。骑兵一般在两翼，而稍显笨重的炮兵则部署在每条战斗线的正面。当时，军队总是集中宿营。行军时，军队要么横线行进，要么分成几个翼实施。

侧敌行军时，横队行进特别有利，此时，军队分成两路纵队前进。分翼行军时，全军就分成了四路纵队，这是因为有两个骑兵翼和两个步兵翼。

法军的这种部署方法，大大简化了战争勤务的任务，任何有关行军的部署情况都可表述为一句话："成横线或分成两翼，以右翼或左翼，朝某某方向前进。"这种方法看似单调，但在那时，确实是非常简便的部署方法。它也是当时一切部署方法中最可行的一种。

在明登，法国人试着使用另一种部署方法，他们想以旅为单位编成纵队，同时开辟道路，所有纵队齐头并进，但是他们始终未能编成这种纵队。我认为这种方法，虽然可以减轻司令部的工作，但是如果十几万人的军队也采用这种部署，那么就会使纵队拉得过长，从而招来危险。

法国大革命时期，法国军队施行了师的编组方式，这种方式打破了过去的形式，组建了能在任何地形上独自运动的部队。一时间，我们似乎又回到了罗马军团的编组方式，但它毕竟带来了巨大的利益。这些师一般由步兵、骑兵、炮兵组成，分散行军，分散作战。在作战时，偶尔会出现各师正面过长的情况，这可能是为了保障它们能在没有仓库的条件下生存，抑或是为了故意延伸正面以迂回包围敌人的正面。

有时一个军下属的七八个师彼此相聚16～20千米。司令部的位置居于中央，除了五六个骑兵团外，别无其他预备队。因此，当敌人集中主要兵力进攻某一个师时，全线就会产生不安，而总司令因为没有预备队不得不撤退，以集中分散的兵力。

但拿破仑在第一次意大利战争中克服了这个缺点，这是因为，他指挥军队进行灵活而神速的机动，而且他总是把手下各师的主要兵力集中在决定点上。

当拿破仑成为皇帝后，国家的财富和他的计划每天都在扩张，他意识到，必须拥有一支更强大的军队，他决心采用一种新建制：一种介于新旧两种体系之间的折中方法，同时仍然保持了以师为建制的长处。

自1800年的战局起，拿破仑用两三个师组成军，指定一名中将指挥，构建全军的翼侧、中央和预备队。莱茵军团就是这样组成的，左翼是圣叙萨指挥的2个师，右翼是勒古尔布指挥的3个师，中央是圣西尔指挥的3个师，此外，总司令直接掌握由3个师组成的预备队。

渐渐地，这种建制最后在布洛涅营寨得到了良好的应用，在那里组建了常备军。每个军包括3个步兵师，1个轻骑兵师，

36～40门火炮，以及部分工兵。看上去，这就像是一支能够独立作业的小型军队。重骑兵统一组成一支强大的预备队，它包括2个胸甲骑兵师，4个龙骑兵师，1个轻骑兵师。掷弹兵和禁卫军组成步兵预备队。

到了1812年，骑兵也可编成军，每个骑兵军包括3个师，使这个日益强大的兵种更具统一性。

不得不承认，拿破仑采用新编制组成的大军，创造了许多惊人的战绩，他的这种方法很快被欧洲各国效仿。

总而言之，最理想的军队编制一直困扰着战争勤务，因为在战争进程中，我们很难保持原有建制，随着事态的发展，我们在一定程度上总是要不断优化部队部署。

再以布洛涅军团为例，似乎它的编制已经趋于完善，中央一路由苏尔特指挥，右翼由达武指挥，左翼由内伊率领，预备队由拉纳统领。不包括禁卫军和掷弹兵，该军团一共下辖13个步兵师。在军团的右侧是贝尔纳多特和马尔蒙的2个军，左侧是奥热罗军团，他们可以随时采取行动。可是，渡过多瑙河后，内伊的部队只剩下2个师，军团的主力也分散了，完美的队形也毫无用处了。

我不否认经常变换部署有利于迷惑敌人，这种好处与战斗队形保持相对稳定的优点，是可以统一起来的。例如，用于机动的师和两翼、中央联结起来，即增强这些部分的兵力，那么就能使敌人无法得知，到底与之交战的该军兵力到底有多少。这种部署，既利于司令部的统一指挥，又能迷惑敌人。

说到底，不论军队有多少兵力，分成多少部分，以军为主的建制将成为所有大国的一种规范。

时代在变化，部队的部署也在改变，预备队和轻骑兵从属于不同的步兵军，战斗线也发生了一些变化。过去，战斗线通常是由两线组成的，现在，在两线的基础上，又增加了预备队。随着战斗规模的扩大，以及骑兵的加入，战斗线往往不止两线。

但无论如何，两线部署依然是步兵的经典部署方式，两线队形（不包括预备队）的稳定性极佳，足以应付各种情况，是一种相当适宜的队形。

军队的习惯部署因为现代军队体系的影响而发生了重大的改变，但这并不意味着我们要彻底抛弃腓特烈大帝等前人的经验，因为过去的一部分方法还是可以继续沿用的。例如，即使我们已经不再认为将骑兵部署在军队两翼是一条基本原则了，但对于一支五六万人的军队来说，尤其是在其中央地形特别不适于骑兵作战时，位于中央的步兵把骑兵部署在战斗线后，两翼的步兵将骑兵部署在各自翼侧，将骑兵预备队分成三部分，成为中央和两翼的预备队，那这就是最理想的阵形。骑兵也能行动自如地支援战斗线出现危险的地方。

现在，炮兵仍像过去一样分布于整个正面，这是因为，每个师都拥有炮兵。但是，我必须指出，炮兵最好根据需要来部署，因为集中总是比分散有利的。现在，关于炮兵部署的准则还很少，我也只能概括地提出几点建议：

1. 骑炮兵应该部署在便于向各方向运动处。

2. 步炮兵，尤其是阵地炮兵，应该部署在有沟壕和掩护的地区，这样才能避免遭受敌人骑兵的突袭。

3. 炮兵不能部署在居高临下的位置上，相反，它应该在较为平坦或坡度平缓的山岗上。

4. 骑炮兵从属于骑兵部队，为了迅速抢占要地，最好能每个军都拥有骑炮兵。炮兵预备队,也应该拥有骑炮兵,以便能快速支援各地。

5. 防御时,必须把大口径的火炮置于正面,这时,炮兵要炮击敌人拖延时间,并在敌人内部造成混乱。

6. 防御时,将炮兵平均地部署在整条防线上不是没道理的,因为打退每个点上的敌军很重要,但是,这样做也有其弊端,由于地形条件和敌人的意图,敌人可能会将其主力集中在某一翼侧或中央。

7. 进攻时,把炮兵集中在决定性点上,可以有效地突破敌人防线,有利于攻击,取得战争的胜利。

关于在战斗中如何部署炮兵,我将在后文中详细介绍。

步兵的部署和使用

步兵的重要性,已经不用我再强调了,它身为主要兵种,占军队80%的兵力,又是攻城和坚守阵地的主力。步兵是制胜的主要手段,但是,它也必须得到骑兵和炮兵的大力支持才能取胜。没有它们的协助,步兵常常会陷入危险,即使取得胜利,也是损失巨大的胜利。

关于一线配置和纵深配置的争论是老生常谈的问题了,但是这个问题一直没有得到解决,自拿破仑在西班牙战争和滑铁卢战争后,争论又开始了,针对这个问题,我也要谈谈我的看法。

劳埃德提出步兵应该有配备长矛的第四列队,以便于进攻时实施更有力的突击,防御时拥有更大的抗击力。凡是有点经验的军人都明白，三列展开的队形很难有秩序地运动，若是再加上一列，非但不能增强力量，反而会妨碍作战。我很惊讶，有过战争经验的劳埃德怎么能想出这种方法。须知，交战双方的部队很少离得很近，长矛优势是很难施展的。防御时，增加这么一列，只能减小正面的宽度，进而缩小活力；进攻时，它又不利于部队的机动。

为了弥补因缩短正面造成的不便，劳埃德又建议，将20个营各自相隔150米展开，这个间隔宽度相当于一个营的正面宽度。我实在不明白，像他这样的天才，怎么会想出这么荒诞的方法。这些营如此分散，各营之间的间隔相当于给敌人留下了空隙，这简直是在给敌人的骑兵提供机会。

我认为，人们争论的焦点不在于劳埃德的看法是否正确，而在于战斗线是否应该由展开的营组成，或由攻击纵队组成。这种攻击纵队，每队就是一个营，每个营有两个连在中央，其行动迅速，攻击力强。

很多军事著作家都对这个问题进行过论述，但是，没人能提出一个令人信服的结论。这个原因很简单，但凡战术上的一切，都更多地依赖于偶然事件、灵感、士气，以及指挥官的个人天赋。

吉贝尔、尚布莱、泰尔纳涅等人都曾探讨过这些问题，他们也提出了很多疑问。泰尔纳涅的战术教程，尤其在战斗队形方面是有所创新的。

奥库涅夫对于三个兵种特点的研究，颇有独到之处，而且取得了不小的成就。但是，他也跟其他人一样，没有回答那个问题，即展开的军队火力击败敌军纵队，是以营组成纵队，还是以大纵深的主力组成纵队。

事实上，军队进攻时的部署大致有以下几种方式。

1. 散兵线。

2. 成列的横队，要么并列，要么构成正方形。

3. 以各营中心为基准，构成横队。

4. 纵深集中部署。

5. 小方阵。

散兵射手只是战斗队形的补充，其主要任务是利用地形，掩护战斗线，保护纵队行军，填补空隙或固守工事周围。

这几种部署可以归为4个体系：

1. 三列横队或浅近队形。

2. 半深远队形，各营中央编成强击纵队或者各营编成方阵的营横队。

3. 混合队形，一部分展开横队，一部分展开成纵队。

4. 深远队形，各营依次展开，形成大纵队队形。

把兵力展开成两线，再加上预备队的方法，曾一度被广泛地使用，这种方法在防御时尤其适用。这种阵形可以并列展开，可以成正方形展开，也可以梯次展开。

还有一种，成一线的每个营分成几部分在中央组成强击纵队，这种队形较集中，可算得上一种小纵队的线式队形。

要记住，强击纵队的使命不是射击，不到万不得已之时，不得轻易使用。如果敌人一运动，它就开始射击，那么攻击也会变得毫无意义，一无所获。这样的队形，对付防御中的步兵比较有利，当它面对防御中的骑兵，用处就没那么大了。

如果想要令强击纵队采用两列阵形，那么展开的横队就很难保持三列的队形，因为一支军队很少同时采用两种部署方式。军队是不敢采用两列横队去冒险的。

拿破仑曾在塔利亚门托，俄军曾在艾劳采用过另一种队形。这种队形，由三个营组成一个团，第一营在第一线展开横队，剩下两个营以连为单位纵深部署在第一营后两侧。这种部署属于半纵深，适用于积极防御，因为第一线的部队，可以凭借火力抗击敌人，动摇敌人的斗志。而这时，剩下两个营组成的纵深部队就能向敌人冲击，夺取胜利。

如果将位于翼侧的两个营与中央的两个营部署成一线，并将前列部分投入阵地，这个队形的优点将发挥得更充分，这样第一线上的每个团都能多出一些兵力，可别小看了它所能取得的战果。

纵深过大的纵队构成的战斗队形，缺陷最大。在近几次战斗中，我发现很多军队，依照纵队，挤成一团，不仅没有讨到好处，反而成为敌人大炮的靶子，机动性和攻击速度也会降低。拿破仑在滑铁卢的失败，战斗队形也是其败因之一。

如果用密集纵深队形冒险，至少需要在每一翼侧准备一个纵列行进的营，以便敌人进攻翼侧时发动反击。这些营可以掩护纵队行进。

在平原上，对付骑兵比较有利的阵形是方阵。现在，人们普遍认为，以团为单位的方阵最适于防御，而以营为单位的方阵最适宜于进攻。方阵可以是长方形，也可以是正方形，目的都是为了求得宽正面，并在敌人可能出现的方向上部署强大的火力。

土耳其战争中，法军使用的几乎都是方阵队形，因为战争是在广阔的比萨拉比亚、摩尔达维亚、瓦拉几亚平原上进行的，而土耳其又拥有大量的骑兵。要是在巴尔干山区，面对欧洲编制的军队，方阵的作用就小多了。

如果军队缺乏骑兵，又在有利于敌人骑兵冲击的地形上作战，用以营或团为单位的方阵来对付敌人的进攻，是比较合适的。长方形方阵，由6个连构成方阵的前后沿，两侧各部署一个连，这种队形比展开成线式的队形更便于进行冲击。方阵并不比强击纵队更有利，但与展开成线式的队形相比，这种队形更可靠，攻击力更强，对付骑兵也更有效。

对于这些部署，我很难得出结论，哪一种最好，哪一种最差。我唯一能承认的规则是，对进攻而言，兼具机动性、攻击力、耐力的队形最好；对于防御而言，兼具耐力及火力的队形更有用。

另外，还有一个问题有待我们解决。这个问题是，一支成纵队部署的、不开枪射击的、最英勇的进攻部队，面对一支展开成线式队形、可在5分钟内连续发射2 000~3 000发子弹的部队，它能坚持多久。最近的几次战争中，俄国、法国、普鲁士的纵队，常常一弹不发，靠着刺刀占领敌人的阵地，这是靠强攻的冲击力和巨大的精神意志作用赢得的胜利。但是在塔拉韦拉、布萨科、阿尔伯埃拉等地，面对英国步兵的火力和顽强的斗志，法军纵队的刺刀再也无法取胜了。

但我并未因此得出结论称，要坚决依靠浅近队形和火力。如果说在我所熟悉的交战中，法军总是过于纵深地集中在一处，那么它在四面敌人攻击之下，遭到致命袭击，也就不足为怪了。要评判浅近队形或火力对半深远队形的优势，就需要反复观察变成强击纵队的军队对展开线式队形的军队直接冲击后可能产生的各种变化。在我亲身经历多的战斗中，这样的小型纵队总是能获得胜利。

此外，当为冲击阵地而向前运动时，可否轻易变换队形呢？可否以展开的线式队形接近阵地呢？我想，谁都不会对此回答说：可以。如果为了占领坚固设防的阵地，而投入二三十个营，将它们展开成线式队形，以纵列或以连为单位进行射击，这将让军队在敌阵前面乱成一团，这些部队永远摸不到阵地前沿，更别说要占领阵地了。

从这里，我们可以得出：

1. 进攻时，深远队形危险较大，而半深远队形具有很大的优越性。

2. 攻占阵地时，最理想的部署是，以营为单位构成的强击纵队，但也应该考虑适当地缩短纵深，以便发挥火力。此外，需要部署大量散兵和骑兵以掩护、支援纵队。

3. 防御时，第一线成展开队形，第二线成纵队队形很有利。

4. 是否能成功运用这些队形，取决于将帅的才干。

自本书问世以来，武器又有了许多新发明，这些发明对攻击时采用展开队形是很有利的。尽管武器的进步很大，但这也无法改变军队部署的方式，我很难想出一种比纵队更好的攻击阵地的队形了。关键还是在于将领能否根据实际情况和地形条件综合利用队形。

历史经验告诉我们，战术最大的难题就是选择部队战斗部署方法，但我们也应该意识到，想用一种绝对的体系去解决这个难题，是完全不可能的。

不同战场的地形条件是不同的，有的地方，即使20万人展开线式队形，部队也可行动自由，如法国的香槟等地，有的地方，哪怕是极少的部队也难以展开，如意大利、瑞士、莱茵河河谷等地。部队对各种机动的熟练程度，部队的装备，全军的民族气质，都会对部署产生影响。

俄国步兵纪律严明，熟悉各种机动，当他们运动时，哪怕战线再长也能保持秩序。所以，俄国步兵所能采用的体系，是法国和普鲁士军队所无法效仿的。

要尽可能地解决这些问题，需要探讨：

1. 敌人射程外最好的行动方式。

2. 最好的冲击方式。

3. 最好的防御战斗队形。

针对这几个问题，我认为对部队的训练，需要参照如下标准。

1. 成营纵队向中央运动，如果条件允许，可在射程外展开成一线，或者在必要时能以纵队队形进攻敌人。

2. 以每线上部署8~10个营展开和并列的线式队形运动。

3. 以营为单位形成正方形队形，这种断续的线式队形，比连续的线式队形更便利。

4. 以连为单位地绕翼侧前进。

5. 以小方阵或线式或正方形队形前进。

6. 以不同的运动方式变换正面。

7. 成连纵队变换正面，以达到不展开面变换队形，这种方式更方便，也不易受地形条件限制。

各种前进运动中，在无危险情况下，以连为单位的侧敌行军是最简便的。如果地形平坦，这种运动最易取得成功。如果在地层断裂处行动，它也很方便。它的弊端是，过分地分散了战斗线。如果通过训练使官兵习惯这种运动，并严格训练向导和旗手，就能有效地避免混乱。我唯一担心的是，如此分散的单位会遭敌骑兵的猛烈冲击。但是，通过侦察，或者在接近敌人的地方改变队形，或者只在通过两军相隔的中间地带才采用这种地形，是可以避免危险的。

一旦敌人有靠近的迹象，就需要迅速变换队形，但要注意，不管采取什么预防措施，这些机动只适用于纪律严明、训练有素的部队。

我曾见过，有人以各营展开成正方形横队运动。这种方式进展得很顺利，但是密集的、连续的横队运动总是麻烦不断，看来法国人是学不会展开横队运动了。也许正方形队形在敌军骑兵冲击下是很危险的，但这种队形在运动时非常方便，而且组成第二梯队还可以在向敌人进攻前和第一梯队同时进入战斗线。各方阵相距距离较短，也便于战斗线的构成。

针对敌人的冲击进行部署是很难的，在多种试验中，我认为最成功的要数，由24个营组成的两线运动，这两线以营纵队在中央展开，第一线快步冲向敌军，每个营的轻步兵连成散兵线，其余各连自行开火。第二线紧跟第一线，其各营快步冲刺。

除了纵队的线式队形外，还有3种半深远队形的进攻方式。

第一种，混合的线式队形，由展开成横队的各营和在其翼侧成纵队的各营组成。

第二种，展开成一线向前运动，同时射击，第二线利用第一线的射击间隙继续冲击。

第三种，梯次配置队形，成完全展开队形运动，凭借火力优势，直到一方退却为止。

我无法断言哪一种好，人们对此的争论也没有得出结论，但是我认为，无论如何，否定步兵的火力是愚蠢的。如果有人完全不考虑交战对象，而使用毫不差别的战术体系，那他无疑是在自取灭亡。

取胜的条件，不是兵力部署的方式，而是对各兵种的灵活运用。

在结束本节内容之前，我想提醒大家，指挥步兵投入战斗，最主要的问题之一是，要尽可能地隐蔽部队，使其免遭敌人炮火的袭击。这时，不要想着撤退，而是要尽可能地利用地形隐蔽，避开敌人的火力。一旦双方相距距离低于火枪射程，那时就不要再考虑隐蔽问题了。只要可以进攻，就必须果断进攻，隐蔽只适合射手和防御部队。

身为防御部队，应该尽力防守坐落在阵地正面的村庄；而对于进攻方，则应该竭力攻占这些村庄。同样的理由，小森林和灌木丛对交战双方都很有用，因为可以将其作为屏障。只有没有任何交战经历的人，才会否认攻占战斗线附近的森林的重要性，奥戈蒙公园在滑铁卢之战所发挥的作用，已经说明了森林的重要性。

骑兵

和步兵一样，关于骑兵的编队和队形问题，也曾引发许多争论，也没有确切的定论，即使是俾斯麦那篇著名的文章也未能为解决问题提供多少帮助。我想对指挥骑兵经验丰富的将领们说说我的看法。

一个将领对骑兵的使用，在某种程度上取决于己方骑兵与敌军骑兵实力的对比，包括骑兵总数量和单兵素质。不过，差距并不会引发多么巨大的变化，一支弱小的骑兵，只要指挥得当，也有机会建立奇功。骑兵的适时性具有决定意义。

骑兵数量和步兵数量的比例差异很大，这与一个民族能否成为优秀骑兵的天资有关，与马匹的优劣有关。在法国大革命战争中，法国的骑兵组织涣散，数量也少于奥地利，但这支部队在作战时发挥得很出色。1796年，我在莱茵军团见到的骑兵预备队还没有1 500匹马，十年后，我再次见到他们时，这支队伍已经拥有1.5万～2万匹马，人的思想和军队的条件也都发生了翻天覆地的变化。

一般而言，一支作战军队中骑兵的比例应该占六分之一，而山地国家的军队，骑兵占十分之一就够了。

骑兵的优点，主要是快速和机动，还可以附加一个特点：迅猛。

不管骑兵在战争中的地位多么重要，如果没有步兵的支援，骑兵也是无法防守阵地的。骑兵的任务是，准备夺取胜利，扩大战果，如抓俘虏、抢夺战利品、追击敌人、迅速支援受威胁的地点等。这就是为什么一支没有骑兵的军队很少获得重大胜利的原因，这也是一支没有骑兵的部队撤退时常常很困难的原因。

骑兵在何时以何种方式冲击最合适呢？这要由以下因素决定：主将的眼力，作战计划，敌军行动以及其他情况。要一一说明这些因素，费时费力，我在这里只简单列举其中主要的几项。

大家都知道，当骑兵攻击一道部署周密的防线时，如果得不到步兵和炮兵的大力支援，它是无法获得成功的。在滑铁卢战役中，法国骑兵违背这条规律擅自行动所付出的高昂代价，相信你们都看到了。在库纳斯多夫之战中，腓特烈二世的骑兵也遭受了同样的打击。

在某些情况下，我们也允许骑兵单独出击，不过应该等到双方步兵都正式投入战斗后，骑兵再去攻击步兵作战线，这样是能取得可喜的战果的。马伦戈之战、艾劳之战、博罗迪诺之战等，都证明了这一点。

遇到倾盆大雨或鹅毛大雪的时候，武器被淋湿了，步兵无法射击的时候，骑兵的作用远远大于步兵，如艾劳之战，奥热罗元帅就因为天气吃尽了苦头；1813年，奥军左翼在德累斯顿也遇到同样的麻烦。

骑兵猛攻因被炮击或因其他方式的打击而士气动摇的步兵，往往能取得成功。例如，1745年，普鲁士骑兵在霍亨弗里德堡进行的突击就是一个经典的战例。但是，骑兵想要攻击齐整的步兵方阵，就不是那么容易了。

使用规模较大的骑兵执行冲击敌人炮兵和协助步兵完成攻占阵地任务时，必须是步兵做好支援骑兵的准备，因为骑兵的冲击只在短时间内有效，在敌人未反应过来前，步兵必须充分利用骑兵的冲击效果。法国人在莱比锡战役中，冲击戈察就是一个范例。在耶拿，内伊利用骑兵冲击霍恩洛厄亲王的炮兵，也是利用骑兵冲击炮兵的例证。

最后，骑兵还可以与敌人的骑兵对决，将其赶出战场后，就能更加自如地突击敌军的步兵。

防御时，在敌军接近战线准备突入我军战线时，派遣骑兵适时地发起冲击，也能取得极大的战果，可帮助我军恢复原有态势，稳定局面和军心。艾劳之战中，俄国骑兵的表现，以及在滑铁卢战役中英国骑兵的表现，都证明了这一结论。

最后，属于步兵下辖的骑兵别动队的作用是，配合步兵冲击，利用敌人的错误运动，彻底击败撤退之敌。

要确定哪种攻击方式最好是很不容易的，这要取决于原定目标及其他种种足以影响突击时机的因素。常见的攻击方式有：纵队，各纵队保持一定间隔突击；横队，快步冲击；横队，跑步冲击；散开队形冲击。这些方式都可能获得成功。

我说过，所有的攻击方式都可能是好的，但我没有说，在骑兵的对决中，速度快就一定能获胜。相反，我认为，大步法是横队冲击的最好步法，因为骑兵对决中，一切取决于猛攻的一致性,以及部队的信心和秩序,而这些条件在骑兵全速冲击时是不可能全部具备的。全速冲击,最适用于对付炮兵,因为这时的决定因素是尽快到达。

如果敌人步兵大步朝我军扑来,我军的骑兵应该怎样呢?跑步迎击吗?这显然不明智,因为这样会使我军的骑兵在接近敌人时队形混乱,而敌军步兵则能从我军的骑兵队中直接穿过。土耳其人的教训已经告诉我们,以迅猛冲击去对付步兵是不可能成功的。迅猛冲击只能用于对付弹尽粮绝、士气低落、秩序混乱的步兵。想要突破有序的步兵方阵,需要火枪和枪骑兵,最好还要有装备长矛的胸甲骑兵。分散冲击在小规模战争中时有发生,这方面应该像土耳其人或哥萨克人学习,他们是这方面的榜样。

无论采取哪种突击方式,对于可能采用的各种冲击而言,最好的取胜方式就是,一面正面进攻敌人,一面派出若干骑兵部队夹击敌人作战线的两翼。这是一个被大规模采用的真理。但是,要想利用这种机动大获全胜,尤其是在骑兵对骑兵冲击时取胜,还必须在敌人作战线投入战斗那一刻夹击两翼,早一分钟晚一分钟都有可能贻误战机。一名骑兵军官必须具有这种精准而锐利的眼力。

关于骑兵的武器装备,我的意见是,长矛是骑兵成横队攻击时的最佳武器,因为用它能攻击敌人,而敌人无法触及骑兵。胸甲也是优良的防护性武器,长矛和胸甲是轻骑兵最好的装备。马刀和铁甲则是重骑兵的最好装备。

至于龙骑兵,因为担负双重使命,所以人们对它的看法莫衷一是。骑兵营总是有利的,它可以抢先占领隘路,也能在撤退时扼守隘路，还能担任侦察任务。但是，要使步兵变成骑兵，或者以一个士兵身兼步兵和骑兵之职，那是很不容易的。法国龙骑兵所经历的战争就很能说明这一点。

有人说，龙骑兵的最大缺点在于，他们身兼两职容易产生矛盾，一方面他们要作为骑兵去攻打步兵，一方面又要承担步兵的任务。我认为，最好把道理给他们解释清楚。应该告诉他们，勇敢的骑兵可以冲破方阵，勇敢的步兵也能击退骑兵的冲锋。如果能让他们明白，胜利是取决于士兵勇气，那么无论他们承担何种任务，他们都能在精神上压倒敌人。土耳其人就是这样做的，他们的骑兵常常下马，手持武器参加战斗。

前文所谈及的步兵的部署和队形，也适用于骑兵，但有一些不同之处。

1. 对骑兵来说，展开成正方形或成梯次部署的线式队形，优于完整而连续的线式队形。对步兵而言，正方形队形稍显松散，便于骑兵从中间突入，以袭击翼侧各营，正方形队形仅适用于与敌人交战前的运动，或用于攻击成纵队的线式队形。骑兵采用正方形队形时，各线之间的距离不能过窄，以免在失利时互相连累。

2. 在中央成攻击纵队队形时，骑兵应该部署成团纵队，而步兵则应以营为单位。

3. 骑兵的冲击纵队之间的距离要比步兵的宽，要留出可供一个骑兵连或半个骑兵连活动的间隔，便于骑兵纵队自由运动。在作战线后休整的纵队，则需要互相靠拢并适当隐蔽。

4. 骑兵进行翼侧攻击效力大于步兵的翼侧攻击，所以必须在骑兵战斗线两翼部署若干个按排编成梯队的骑兵连，防止深入己方翼侧的敌人。

5. 基于第四条，必须适时地在准备冲击的骑兵战斗线两翼部署若干个骑兵连。

6. 指挥官所能指挥的纵队要大于正面。

7. 在骑兵的对决中，需要遵循两条原理。第一条，任何第一线的进攻都可能受阻，即使冲击完全成功，敌军也可能调来部队，迫使其退回第二线。第二条，双方实力大致相当，拥有预备队的一方，适当指挥预备队进攻敌军翼侧，就能取得胜利。

不论采取哪种队形，都要避免将骑兵展开成连续的线式队形，因为这是很难驾驭的，如果第一线被击破，第二线还没来得及反应，就可能被第一线的撤退部队冲乱。

骑兵要在精神上压倒对方。指挥官的进取精神、果断冷静，士兵的灵活、英勇，是夺取胜利的根本，相比之下，部署方式反而较为次要了。但是，谁能将这二者结合起来，谁就能稳操胜券。

近年来，线式队形作战的骑兵能否在较长时间内胜过非正规骑兵的问题，又被提了出来。非正规骑兵可以躲避任何正规交战，它既可以溜之大吉，也可以杀个回马枪，也能在战时大显神通，袭扰敌人。他们善于各自为战，用单兵力量达到共同目标。但不要忘了，训练有素的正规轻骑兵也能这样做，他们也能分散地冲击队形密集的骑兵。在决定战争命运的交战中，不要指望单兵冲击获胜。这种非正规的冲击只能作为正规骑兵拼杀的一种辅助手段，一种在决定性战斗中的配合手段。

因此，在大规模交战中，应该使用有远程武器的正规骑兵，而在小规模交战中，则可利用配备长矛、马刀、手枪的非正规骑兵。

总之，不管采用什么方法，都必须坚持一条规则：一支人数众多的骑兵，总会影响战争的结局。这支骑兵可以深入敌后，袭扰敌人，抢夺辎重，即使不能切断敌军的交通线，也能使敌军的交通线无法保持通畅，破坏敌人各部之间的协调。总之，骑兵可以攻击敌军后方和两翼，达到和民众起义所收获的效果。

这要求，军队在战时要注意吸收民兵，扩大骑兵队伍，虽然这些民兵无法与那些马上民族的优秀骑兵的素质相匹敌，但是，民兵也能受到感染。俄国在这方面的优势很大，顿河上马匹众多，品质优良，民兵素质极佳，一经动员就能立刻投入战斗。

我曾在《论大规模军事行动》一书中写道：哥萨克骑兵对俄国军队的贡献是不可估量的，这种轻型部队在大规模交战中发挥了巨大的作用，在追击作战和小规模作战中也是可怕的。如果可以将正规骑兵和非正规骑兵混成一个军，那么这个军的作用往往比单纯的正规骑兵大得多。

有人曾攻击我，认为我说的对付冲击骑兵的大步法是错误的，但我仍然坚持，胜利取决于遭受突击时那一刻所保持的队形，这一点对枪骑兵尤为重要，保持完整的队形、使用大步法实施突击，是一定能战胜四处飞奔的队伍的。

我始终认为，在骑兵与骑兵的对决中，夺取胜利需要：尽可能保持完整的队形，及时配合友军对敌军翼侧的冲击，时刻不忘鼓舞部队的士气，预备队做好随时支援的准备。这些条件是完全可以实现的。面对闪击战，最有用的规则也会苍白无力，这时，最精明的军官，也只能本能地躲过马刀的攻击，甚至来不及发出命令。

我不同意骑兵能单独守住阵地的观点。如果将骑兵部署在无数大炮后面的阵地里，骑兵就能在阵地上坚持下来。如果朝我方骑兵阵地进攻的敌人，既有大炮，又有步兵，那么我方骑兵是否能守住阵地就是未知之数了。

炮兵

炮兵是威力巨大的进攻兵种，同时也是强大的防御兵种。

进攻时，一支强大的炮兵能动摇敌人战线，进而支援己方部队的突破行动。在防御时，炮兵能增强阵地实力，这是因为它不仅重创远距离的敌人，还能对敌人造成巨大的心理压力。

炮兵在攻击或防守要塞和筑垒工事时具有相当重要的意义，它是近代防御工事的灵魂。

我已经粗略地介绍过了炮兵在战斗线上的部署，但要介绍炮兵在战争中的行动方式，这就比较困难了。在战争中，偶然事件、地形条件、敌人的行动特点，都对炮兵的行动方式有影响。

瓦格拉姆之战，拿破仑在战斗线的突破口上部署了100门火炮，遏制了奥地利军队在中央地带的攻击，但它无法成为使用炮兵的准则。

在这里，我想为读者提出一些建议，这些都以炮兵在最近几次战争中的使用为依据。

1. 进攻时，要以一部分炮火集中炮击，用火力动摇敌人的防线，配合步兵和骑兵的攻击。

2. 由几个骑炮连进攻纵队执行进攻任务。此外，可利用几个轻炮连支援，轻炮连应该固定部署在某一处，不直接跟随纵队行进。在辎重允许的情况下，炮兵可跟在纵队后行进。

3. 至少将一半的骑炮兵留在预备队里，以便于迅速支援最需要的地方。

4. 炮兵需要密切关注敌人最容易实施突破的地方，所以炮兵指挥官需要熟悉战场上每个战略点和战术点的位置和地形条件，并以此为依据部署炮兵预备队。

5. 尽量将炮兵部署在平地或缓坡斜面中央，因为这可以使其杀伤力达到最大。

6. 炮兵的主要职责为摧毁敌人部队，而不是与敌军炮兵交战。有时，也需要炮兵射击敌军炮兵阵地，以吸引其火力。所以，可将三分之一的火炮用来炮击敌人炮兵阵地，将剩下的火炮用于对付敌人的骑兵和步兵。

7. 如果敌人以展开的横线进攻，那么我方炮兵则需要构成交叉火力，从斜面攻击敌人展开的横线，如果我方炮兵所处的位置能从两翼攻击敌人展开的全线，那我方就能取得决定性战果。

8. 敌人以纵队进攻，则炮兵需要从正面击溃他们，但如果炮兵从斜面、翼侧、背部打击敌人，也是很有利的。炮兵从敌人背部发起攻击所造成的精神压力是巨大的，即使最勇敢的士兵的士气也会被削弱。在包岑之战，克莱斯特用几门大炮攻击敌军纵队翼侧，迫使敌军元帅不得不改变方向。

9. 一般情况下，炮兵总需要步兵和骑兵的支援，尤其是其翼侧需要得到更好的保护，但也会出现意外情况，瓦格拉姆之战就是例证之一。

10. 面对敌人骑兵的冲击，炮兵需要保持镇定，迅速发射炮弹。掩护炮兵的步兵则应该在其附近组成方阵，掩护炮手。

11. 敌军步兵进攻我方炮兵时，炮兵要尽可能准确地射击，射击时间越长越好。炮手们必须得到步兵的支持。在三个兵种协作的场合，炮兵需要动摇敌人的步兵，而己方的步兵和骑兵则可以互相配合完全消灭敌人的步兵。

12. 炮兵的比例一直在变化。从最近的几次战争中，就可以得出这样的观点，炮兵的比例没有绝对的标准。一般来说，重炮兵和轻炮兵之间的比例也不是一成不变的。重炮兵如果太多也是一种负担，要知道口径不同、附件不一的火炮，机动性也大不一样。拿破仑在艾劳之战后得出的结论证明了各兵种之间的比例关系对战局所产生的重大影响。俄国炮兵多，火力强，致使拿破仑的军队遭受重大伤亡。这坚定了拿破仑强化炮兵的决心，他组织兵工厂进行生产，增加火炮的数量，下令研发新武器。

13. 合理使用炮兵最好的方法就是，由一名优秀的、精通战略和战术的炮兵将领统一指挥炮兵。他有权指挥炮兵预备队，也可以调动隶属军或师的半数大炮。这样，他就能协助最高统帅在其指定的地点、时间集结炮兵，使其充分发挥效能，为夺取胜利做贡献。

我曾拜读过奥库涅夫将军论述炮兵重要性的文章。奥库涅夫将军坦陈，他过去忽视了对步兵、骑兵、炮兵三个兵种的使用，为了弥补这点，他主张炮兵将在今后的战争中成为决定性武器，成为欧洲各国的主要武器。

我向来承认，炮兵在夺取胜利时的巨大作用，所以我支持奥库涅夫将军的主张：最大限度地发挥炮兵的作用，就能对战争产生更大的影响。

但是，我无法苟同奥库涅夫将军所提出的，赢得战争胜利的唯一手段是利用火炮连续射击来突破敌军中央，并以大部队通过这个缺口实施进攻。他认为这种方法比"转换运动"更有利，不过他不否认"转换运动"确实赢得了不少胜利。

我不得不提出异议。他的一些说法，我认为是毫无根据的。例如，他说，某种适当的机动适用于一切情况，除了用庞大的炮兵和利用大部队进行中央突破外的一切战术都没什么用，等等。为此我可以举出反例，首先是利希滕施泰因亲王在瓦格拉姆成功对付麦克唐纳纵队的方法；其次是汉尼拔在戛纳所运用的方法。

至于作者对中央实施攻击方法的重视，我是赞成的，我也经常主张这种攻击方法，尤其是这种攻击指向过长的战斗线时，它是很有效的。

但是，我认为奥库涅夫将军多少忽视了部队士气、统帅意志和天才对于战局的重大影响。炮兵是强大的，但强大程度远不足以置敌于死地。不要忘了，不是所有的战场都对炮兵有利，在那些山峦起伏的地方，炮兵的效力是无法与它在瓦格拉姆和莱比锡这些战场上相比的。

总之，奥库涅夫将军的文章是有一些可取之处的，聪明人总会在书中找到真实、有益的东西，并对作者表示感谢。这本小册子的贡献在于：第一，它引起了各国政府要员和将领的注意，而这些人足以影响军队命运；第二，促进炮兵武器装备和人数的增加，使一切可以提高炮兵杀伤力的措施得到应用；促使人们开始探索消灭最强大武器的方法。关于第三点，首先它改变了部队的武器和装备，其次它迫使各国采取能尽快结束战斗的新战术。

有许多勇敢的军人常常警示我们说，未来充满了危险，但我们应该看到未来比较光明的一面。军人无情地设想许多更加残酷的斗争手段，目的无非是希望确保胜利。这种竞争真是可怕啊！但是，想要不落后于对手，这种竞争又是无法避免的，只能迎难而上。

步兵、骑兵、炮兵的联合使用

在结束本章内容前,我要谈谈步兵、骑兵、炮兵三个兵种联合使用的问题。想要深入地探讨每个兵种的一般使用准则,那么就要谈及许多细节问题,碍于篇幅,我只能作简要说明。

许多人都曾探索过这个无底的深渊,其中德意志人尤甚,但他们均所获无几。这些著作无非是从近期每次战争中引用一些战例而已,无法确立什么固定的准则。

我曾说,一个由三个兵种组成的军,指挥官应该使这些兵种相互支援,彼此协作,这看似是老生常谈,但它确实是唯一能确立的基本原理。要给一名军长规定出应付各种情况的手段,无疑是将他推入重重迷雾之中。碍于篇幅有限,我不得不长话短说,至于更详细的介绍,我建议军官们阅读论述此类问题最成功的专著。

战争艺术所能提出的建议:根据地形条件,军队目标,敌方目标,配置各个兵种,并根据各兵种的特点协调其行动,确保其相互支援和配合。一名高级军官只有经历过战争洗礼,才能真正懂得这条建议,也才能具有指挥三个兵种的敏锐眼力。

至此,我已经完成了我的既定任务,下面我还将依次叙述那些难忘的战争的过程[1],读者们将会从中找寻种种战争艺术的依据,从而确信,一部配有正确评论的军事战争史,就是一所真正的战争大学。

---

[1] 请参阅我的《腓特烈战争批判史》《法国大革命战争批判史》《拿破仑的一生》——作者注。

第八章

结 论

我已经尽最大努力地详细介绍了可用作战争的基本规律,并阐述了它的原理依据。但从总体上看,战争是一门艺术,而非科学。战略绝不是简单地服从教条式的科学规律,对于某一次战斗行动而言,则更非如此。交战中常常会背离任何科学构想,也会出现许多离奇的偶然事件,其中,个人素质、心理状态、精神意志以及种种其他因素时时影响着战局的发展。

双方士兵的情绪和军事素质,指挥官的才干、毅力、眼力、性格,民族精神,时代的尚武精神,总之,一切与战争有关的精神层面的东西都对战争的结果产生着持久的作用。

那么,我们能否断言,任何战术规则、任何战术理论都是毫无用处的呢?试问,谁能相信,尤金亲王仅仅因为个人灵感而常常获胜,或者因为他队伍的精神优势而获胜?难道在都灵、霍林施泰特、拉未利的胜利不是和塔拉韦拉、滑铁卢、耶拿、奥斯特利茨一样,是依靠灵活的机动取胜?

如果一名机智的将领灵活运用一个准则,并以此获得多次胜利,难道就能因为几次的失利就完全否定这一准则吗?就可以否定战争艺术吗?就可以否定对战争艺术的研究吗?难道说,某条理论只能确保四分之三的成功率,它就能被认定是无用的?

既然部队的士气及指挥官的意志能对夺取胜利产生如此巨大

的作用，那么从根本上说，难道不是精神力量驱使物质发挥效力吗？这种物质效力如同战术思想一样，都必须服从战争艺术的基本原理。与其用4万名士气低落的士兵机动迂回敌军战线的一翼，不如用2万名士气高昂的士兵猛攻敌人战线的一翼，其获胜的把握要大得多，因为前者不过是在应付，而后者是在真正地进攻。

如我所说，战略，就是将一支军队的大部分兵力集中到战争区的决定性点上的一种艺术。

战术，就是经过周密计划地行军到达目的地点使用主力的艺术，换句话说，战术是在决定性时机，在决定性点上，使用主力战斗的艺术。当然，那种一心想着逃跑，害怕打仗的部队，并不是我们所说的作战部队。

一名通晓战争理论、缺乏眼力、既不沉着、也缺乏机智或果断的将领，也许能拟定一份相当完美的战略计划，但当他面对实际的敌人时，却往往会违背战术规律，他所拟定的完美的计划也无法实现，进而在战争中尝到失败的苦果。如果他是一个果断而刚强的人，那么他或许能抓住时机弥补失利所造成的恶果，如果他是一个与之相反的人，那么他就可能将军队带入覆灭的深渊。

如果一位将军，既是远见卓识的战略家，又是卓越的战术家，那么他定能竭力采取一切手段，创造夺取胜利的条件。这样的人才，即使他的下属无法为他提供什么帮助，他也能凭借个人的力量引导部队走向通往胜利的道路。如果这位将军所指挥的是一支纪律涣散的队伍，既缺乏斗志，又毫不忠诚，还互相倾轧，那么他迟早会发现，胜利是微乎其微的，他竭尽所能地制订计划，也只能弥补一点点由于几乎无法避免的失败所造成的灾难。哪怕是他的对手个人能力不如他，但这个对手却拥有一支训练有素、充满激情的军队，他将必败无疑。

士气不振时，任何战术都无法确保军队取得胜利。要知道，即使在士气高昂时，偶然事件也会对胜利造成影响。还记得吗？在埃斯灵的多瑙河上，桥梁被损，彻底扭转了战局。哪怕这支军队的将领，采取一切手段来挽回，他也许会采取一种浅近的战斗队形，也许会采取半纵深的队形，但这都无济于事，因为这支军队让他对胜利不抱希望。

事实虽然存在，但它无法妨碍合理的战争规律的存在，在交战双方机会相等的情况下，这些正确的规律是能够确保胜利的。当然，这些规律无法像数学原理那样教会人们在各种情况下如何应对，但它至少能提醒人们应该如何避免失误，这就是战争规律的作用。这些规律如果掌握在一个指挥着一支英勇部队的将领手里，他就能利用这些规律，使其成为夺取胜利的可靠保证。

我的这个说法，相信你们都能接受吧！那么，现在唯一的问题：合理与不合理的界线到底是什么。毋庸置疑，军事天才就是表现在这种分辨力上。

要认识这些规律，需要指导性原则。这个指导性原则是，只要是能将最大的兵力在适当的时间，投入到适当的地点的规律，就是好规律。在第三章中，我已经尽我所能地列举了所有能导致这种结果的战略计谋。

至于战术，它的指导性原则是什么呢？我认为，选择最适合达成既定目标的战斗队形，就是战术的关键。此后，大部分兵力在选定地点上的行动，则表现为：骑兵适时冲击；炮兵适时地部署并展开；步兵快速地进攻，或展开队形以致命火力摧毁敌人；最后，从翼侧和后方威胁敌人，以及利用其他机动部队动摇敌方的军心。情况不同，军队所采取的方式不同，一切行动都有可能成为制胜的手段，但是战术就是探讨应在何时采取何种行动的艺术，这是极为不易的。

战争的首要任务是，彻底地研究作战地区，判断敌我的利弊和优势。之后，再来考虑作战基地的准备措施。最后，为主力选择一个最合适的作战地区，并在选择作战线和作战正面后根据战争原理的要求进行战斗。

进攻军队的任务是，彻底突破敌军，选择决定性点作为其后行动的目标。

防御军队的任务是，运用一切手段挫败敌人的首次强攻，迟滞敌人的行动，挽救国家和民族，待敌人部分兵力精力不济之时，或者等到敌人为占领所侵占的地区或要塞而分兵时，或者敌人为了保障作战线和交通线而兵力分散时，寻找机会与之决战。

这些仅涉及作战初期的计划，但是，我们应该明白，任何计划都难以精确预见最终的结果。如果军队选择的作战线很巧妙，那么它的机动部队就能得到很好的伪装和隐蔽，如果敌人采取了错误的机动，使得它有机会攻击敌方分散的兵力，那么这支军队仅仅依靠战略优势就能获得胜利，而不至于伤筋动骨。

如果双方在态势相当的情况下遭遇，那么就将出现血战，如在博罗迪诺、瓦格拉姆、滑铁卢、包岑、德累斯顿等地所发生的几次血战那样。我在本书中所阐述的大战术准则，显然会对这些战争产生重大影响。

如果有人十分固执，即使在读完我的这本书之后，在研究了许多卓越统帅所指挥的某些战役之后，还是坚持战争既无原理可循，也无须遵守战争准则，那么我只会觉得他很可怜。对于这种人，我只能回敬他们一句名言，这是腓特烈大帝的名言："一头在尤金亲王帐下服役的骡子，即使经历了20次战役，也不会成为一名优秀的战术家。"

我认为，对于将领们而言，以原理为基础，得到事实验证的，经过推理的正确军事理论，就是一所真正的军事院校。即使这些理论无法直接造出伟大的军事家来，因为伟人总是在得天独厚的条件下成长起来的，那么这些理论至少能培养出一些稍逊于伟大统帅的优秀将领来。

后记
POSTSCRIPT

历经两年多的艰辛操作,"战争论"丛书终于付梓出版发行了。我们当初提出这套选题,目的就是在当前国际形势日趋复杂的情况下,深感有必要在未雨绸缪之际,通过精选古今中外(尤其是国外的)军事名著,加以聚合编辑出版,成套系、整体性推出,一方面满足广大军事迷的阅读需要,另一方面为普通大众的军事素养提高、国防意识培育做出点贡献。在世界丛林中的狼烟骤起时,我们必须做到有备而无患。在国际风云变幻莫测、战争的危险丝毫未减甚至可以嗅到战争的烟火味时,作为嗜好和平的中国人,有必要具备必要的军事素养,以求在危机来临时刻保卫自己。与此同时,这套经典军事名著,也适合广大现役、退役以及预备役军人学习。

作为一部囊括了蒋百里《国防论》、马汉《海权论》、杜黑《制空权》、马汉《海军战略论》、克劳塞维茨《战争论》、若米尼《战争艺术概论》、弗龙蒂努斯《谋略》、米切尔《空中国防论》、韦格蒂乌斯《兵法简述》、鲁登道夫《总体战》等经典名著的大型军事丛书,从读者调查、市场摸底、资料搜集、材料分析、选题提出、选题立项、精选书目、翻译改编、编辑校对、内容审查、学术考证、核查定稿、装帧设计、印制发行等，在每一个环节中，参与该项目的人员都付出了巨大心血，我们在此一并表示感谢。我们由衷地感谢华中科技大学出版社各位领导、编辑，以及耿振达、陈雪、程效、甘梦竹、贾琦、齐芳、王晓黎、吴玲、徐冰莹、张亮、赵英媛、赵梓伊、宋毅、唐恭权、李传燕、魏止戈、温锦婷、王静、顾凤娟、曹锦林、曹燕兰、李玉华、宋国胜、李家训、薛莹、胡滨、李巍、景迷霞、查攸吟、周静、刘啸虎、肖倩、许天成、王顺君、褚以炜、杨志民、陈杰、马千、常在、李楠、张子平、张捷闻、翁伟力、吴田甜、王钻忠、孟驰、陈翔、张宏轩、李湖光、傅仰哲等等人员。

因时间紧、水平有限，整套《战争论》丛书中难免有疏漏之处。在此，恳请广大读者批评指正。我们在此表示由衷的谢意。